SOZIALPOLITISCHE STUDIENREIHE BAND 25

EVALUATION IP NEU

Andreas Haller, Stefan Staubli, Josef Zweimüller

Oktober 2019

ZUSAMMENFASSUNG
ABSTRACT

ZUSAMMENFASSUNG
ABSTRACT

ZUSAMMENFASSUNG

Mit der „IP Neu“ wurden 2014 umfassende Neuregelungen im Bereich der Invaliditätspension (IP) umgesetzt. Zielsetzung von IP Neu ist dic verstärkte Arbeitsmarktintegration von gesundheitlich beeinträchtigten Menschen und die Vermeidung von krankheitsbedingten Pensionierungen. Dazu wurde die befristete Invaliditäts- bzw. Berufsunfähigkeitspension abgeschafft und stattdessen Umschulungs- oder Rehabilitationsgeld gewährt. Gleichzeitig werden Maßnahmen der beruflichen und medizinischen Rehabilitation durchgeführt. Diese Studie fasst die Ergebnisse des Projektes „Evaluation IP Neu“ zusammen. Aussagen können über den Zeitraum 2014-2017/2018 gemacht werden.

Als Konsequenz der Reform ergibt sich eine Reduktion der IP Zuerkennungen von 40 Prozentpunkten zugunsten eines annähernd gleich hohen Bezugs von Rehabilitationsgeld. In den sonstigen arbeitsmarktrelevanten Zuständen zeigen sich kaum Unterschiede. Zwar zeigt sich eine leichte Verbesserung der Beschäftigungssituation für Personen, die der IP Neu unterliegen, doch ist der Effekt quantitativ sehr gering. Wir finden keine Effekte von IP Neu auf die Arbeitslosigkeit oder Krankengeldbezug.

Mögliche Gründe für die geringfügigen Arbeitsmarkteffekte sind, dass viele AntragsstellerInnen sich in Rehabilitation befinden und noch keinen Versuch unternommen haben, auf den Arbeitsmarkt zurückzukehren, oder dass IP Neu die Partizipation an Rehamaßnahmen nicht erhöht hat. Um diese Hypothesen zu untersuchen, schätzen wir die Effekte von IP Neu auf den Bezug von Rehamaßnahmen und auf die Gesundheitsausgaben. Mit IP Neu hat die Wahrscheinlichkeit, einer Rehamaßnahme zugewiesen zu werden, um 40 Prozent zugenommen. Gleichzeitig nehmen die kurzfristigen Gesundheitskosten leicht zu. Eine Erklärung ist, dass AntragsstellerInnen im Zuge der Rehamaßnahmen mehr medizinische Leistungen konsumieren. Diese Unterschiede können längerfristig verschwinden, falls AntragsstellerInnen unter IP Neu verstärkt in Beschäftigung zurückkehren.

ABSTRACT

The introduction of „IP New" in 2014 resulted in fundamental changes for disability pensions in Austria. The purpose of IP New was to strengthen labor market integration of individuals with health problems and to reduce sickness-related retirements. For this purpose, the temporary disability pension was abolished and instead a rehabilitation allowance was granted. At the same time, vocational and medical rehabilitation measures are carried out. This study summarizes the results of the project „Evaluation IP New". The analysis covers the period 2014-2017/2018.

IP New reduced the number of temporary disability pensions by 40 percentage points in favor of an approximately equal increase in the number of rehabilitation allowance. We find that IP New had little effects on other labor market states. Although the employment situation improves slightly for individuals who are subject to the new rules, the effect is quantitatively very small. We find no effects of IP New on unemployment or sickness absence.

Possible reasons for the negligible labor market effects are that many applicants are in rehabilitation and have not made any attempt to return to the labor market, or that IP Neu has not increased participation in rehabilitation measures. To investigate these hypotheses, we estimate the effects of IP New on the receipt of rehabilitation measures and on health expenditures. We find that IP New increased the probability of being assigned to a rehabilitation measure by 40 percent. At the same time, we find a slight increase in short-term health care expenditures. One explanation is that during rehabilitation applicants consume more medical services. These differences may disappear in the longer term if applicants who are subject to IP New are more likely to return to work.

INHALTSBESCHREIBUNG

INHALTSBESCHREIBUNG

Mit der im Oktober 2012 beschlossenen und im Jänner 2014 in Kraft getretenen „IP Neu“ wurden umfassende Neuregelungen im Bereich der Invaliditätspension (IP) in die Wege geleitet. Zielsetzung dieser Änderungen ist die verstärkte Arbeitsmarktintegration von gesundheitlich beeinträchtigten Menschen und die Vermeidung von krankheitsbedingten Pensionierungen. Insbesondere soll der vollständige oder längerfristige Rückzug aus dem Erwerbsleben von Personen mit temporären Gesundheitsproblemen verhindert werden.

Um diese Ziele zu erreichen, wurde die befristete Invaliditäts- bzw. Berufsunfähigkeitspension für alle Personen, die am 1. Jänner 2014 das 50. Lebensjahr noch nicht vollendet haben, abgeschafft. Ein Pensionsanspruch besteht nur mehr, wenn Invalidität bzw. Berufsunfähigkeit dauerhaft vorliegt und Maßnahmen der medizinischen oder beruflichen Rehabilitation nicht zweckmäßig oder nicht zumutbar sind. Anstelle dieser befristeten Pensionen wird Umschulungs- oder Rehabilitationsgeld gewährt. Gleichzeitig werden Maßnahmen der beruflichen und/oder medizinischen Rehabilitation durchgeführt, damit gesundheitlich beeinträchtigte Personen ihre Arbeitsfähigkeit erhalten oder wiedererlangen.

Der Bericht fasst die Ergebnisse des Projektes „Evaluation IP Neu“ zusammen. Aussagen können über den Zeitraum 2014-2017/2018 gemacht werden. Die Evaluation bezieht zudem auch die Situation in den Jahren vor der Reform mit ein. Die Ergebnisse des Berichts können wie folgt zusammengefasst werden.

Die Situation vor der Reform IP Neu (2004-2013)

» Der Anteil von Personen im Alter zwischen 20 und 49 Jahren, die eine IP beziehen, ist zwischen 2004 und 2013 deutlich gestiegen. Im Jahr 2004 lag der Anteil der IP BezieherInnen an der 20-34jährigen Bevölkerung bei 0.25 Prozent und nahm bis

2013 auf 0.4 Prozent zu. Bei den 35-49-Jährigen belief sich der Anstieg von 1.45 auf 1.9 Prozent.

» In Österreich ist der Anteil der IP BezieherInnen bei den unter 50-Jährigen jedoch erstaunlich gering. Laut OECD betrug im Jahr 2008 in der Schweiz der Anteil der IP BezieherInnen bei den 20-34-Jährigen knapp 2 Prozent und bei den 35-49-Jährigen etwas mehr als 4 Prozent. Auch in Schweden oder in den USA zeigen sich deutlich höhere IP Raten. Der IP Anteil bewegt sich bei den 20-49jährigen ÖsterreicherInnen auf einem ähnlich niedrigen Niveau wie in Deutschland. (Im Gegensatz dazu ist jedoch die Rate der IP BezieherInnen bei den 50-64-Jährigen in Österreich deutlich höher als in den meisten anderen OECD Ländern).
» Im Vergleich zur Gesamtbevölkerung im gleichen Alter sind 20-49jährige IP AntragsstellerInnen mit hoher Wahrscheinlichkeit ArbeiterInnen, beziehen ein unterdurchschnittliches Einkommen und haben bereits lange vor dem Erstantrag eine geringe Nähe zum Arbeitsmarkt. Die Beschäftigungsrate der AntragsstellerInnen (inklusive geringfügiger Beschäftigung) ist bereits 5 Jahre vor dem Erstantrag nur noch 44 Prozent, während zum selben Zeitpunkt etwa 32 Prozent als arbeitslos registriert sind.
» Mehr als die Hälfte der AntragsstellerInnen macht Muskel-Skelett Erkrankungen (23 Prozent) oder psychische Probleme (43 Prozent) als Grund für den IP Antrag geltend.
» Die durchschnittliche Bearbeitungszeit eines IP Antrages beträgt weniger als 3 Monate. Mehr als 60 Prozent der Erstanträge werden abgelehnt, erneute Anträge im Anschluss an einen vorherigen negativen Bescheid haben höhere Ablehnungsraten. Unter Berücksichtigung von erneuten Anträgen endet etwa die Hälfte aller ursprünglichen Anträge mit einer IP Zuerkennung.

Entwicklung seit Inkrafttreten der Reform IP Neu (2014-2017/2018)

» Die Neuzugänge in die IP haben bei den 20-49jährigen Männern und Frauen im Jahr 2014 sprunghaft abgenommen. Im Jahr 2013, dem letzten Jahr vor Inkrafttreten der Reform, betrug die Anzahl der IP Neuzugänge mehr als 700 Personen pro Quartal.

Im Jahr 2014 fiel dieser Wert auf unter 130 und steigt seither wieder leicht an, ohne jedoch das Niveau der Jahre vor der Reform zu erreichen.

» Mit Inkrafttreten der IP Neu im Jahr 2014 kommt es zu einer sprunghaften Zunahme des Bezugs von Rehabilitationsgeld. Insgesamt wurden im Zeitraum 2014-2018 43.891 Personen Rehageld zuerkannt. Dagegen kommt es nur zu einer sehr kleinen Zunahme im Bezug von Umschulungsgeld. Insgesamt beobachten wir im Zeitraum 2014-2018 nur 383 Fälle von Umschulungsgeld.

» Die Anzahl der IP Anträge ist seit Inkrafttreten der Reform im Vergleich zu vor der Reform deutlich geringer. Im Jahr 2011 lag die Anzahl der Anträge für Männer noch bei 3000, für Frauen bei 2500 Anträgen pro Quartal. Im Vergleich zu diesem Spitzenwert ist die Anzahl der Anträge seit 2014 mit 1500 pro Quartal (sowohl bei Männern als auch bei Frauen) vergleichsweise gering. Der rückläufige Trend setzte allerdings bereits seit 2011 ein und fällt nicht zur Gänze mit der Implementation der Reform IP Neu zusammen.

» Die negative Selektion der AntragsstellerInnen (in Bezug auf den Arbeitsmarkterfolg vor der Antragsstellung) hat sich seit 2014 noch verstärkt. Der/die durchschnittliche AntragsstellerIn der Jahre 2014-2017 bezog 5 Jahre vor dem Antrag ein niedrigeres Einkommen und war 5 Jahre vor dem Antrag mit geringerer Wahrscheinlichkeit beschäftigt als der/die durchschnittliche AntragsstellerIn der Jahre 2010-2013.

» Als Ursache für den IP Antrag werden seit der Reform häufiger psychische Erkrankungen geltend gemacht (49 Prozent aller Anträge). Der Anteil der Muskel-Skelett Erkrankungen hat mit 18 Prozent aller Anträge leicht abgenommen.

» Die Arbeitsmarktsituation *nach* dem Antrag hat sich im Zug der Reform IP Neu (noch) nicht nachhaltig verbessert. Ein Vergleich aller AntragsstellerInnen des Jahres 2014 mit jenen des Jahres 2011 zeigt keine Unterschiede in der Beschäftigungsrate in den ersten 3 Jahren nach dem Antrag.

» Eine leichte Verbesserung zeigt sich für AntragsstellerInnen des Jahres 2014, denen ein Rehageld zugesprochen wurde, im Vergleich zu AntragsstellerInnen des Jahres 2011, denen eine befristete IP zuerkannt wurde. Obwohl Erstere vor dem Antrag deutlich geringere Beschäftigungsraten verzeichneten, sind deren Beschäftigungsraten in den ersten vier Jahren nach dem Antrag etwas höher. Diese leichte Verbesserung der Beschäftigungsraten der Zielgruppe von IP Neu kann jedoch nicht darüber hinwegtäuschen, dass die Beschäftigungsraten dieser Gruppe mit deutlich weniger als 10 Prozent nach wie vor äußerst gering sind.

Der kausale Effekt der Reform IP Neu auf das Arbeitsmarktverhalten

Um den kausalen Effekt der Reform IP Neu auf den Arbeitsmarkterfolg bzw. die Zuerkennungen von Rehageld, IP und anderer Transfers abzuschätzen, gehen wir in drei Schritten vor.

» *Im ersten Schritt* betrachten wir den Effekt der Reform IP Neu auf jene Altersgruppen, die von der Reform betroffen waren. Ein einfacher Vorher-Nachher Vergleich (2010-2013 vs. 2014-2017) der arbeitsmarktrelevanten Zustände zeigt, dass die betroffenen Altersgruppen durch die Reform IP Neu
  » mit geringerer Wahrscheinlichkeit einen IP Antrag stellen
  » mit geringerer Wahrscheinlichkeit eine befristete oder unbefristete IP beziehen
  » mit höherer Wahrscheinlichkeit Rehageld beziehen

  Der einfache Vorher-Nachher Vergleich lässt keine schlüssigen Aussagen über die Beschäftigungssituation der betroffenen Altersgruppen zu. Der Hauptgrund dafür ist der geringe Anteil der BezieherInnen von IP bzw. Rehageld an der Population der jeweiligen Altersgruppen. Zwar ergeben sich Unterschiede in den Arbeitsmarktergebnissen zwischen 2014-2017 und 2010-2013, jedoch ist dieser Unterschied durch Trends und konjunkturelle Einflüsse überlagert und nicht notwendigerweise durch die IP Neu versursacht.

» *Im zweiten Schritt* konzentrieren wir uns auf die Subpopulation der AntragsstellerInnen. Wir führen eine Differenz-von-Differenzen Analyse durch, bei der wir IP AntragsstellerInnen, die am 1. Jänner 2014 jünger als 50 Jahre alt waren (und daher unter die neuen Regeln der IP Neu fallen), mit IP AntragsstellerInnen vergleichen, die am 1. Jänner 2014 älter als 50 Jahre waren (und daher nicht von der IP Neu betroffen sind).

Wie zu erwarten, besteht der wesentliche Unterschied zwischen diesen beiden Gruppen in einer häufigeren Zuerkennung von Rehageld und einer entsprechend geringeren Wahrscheinlichkeit einer IP Zuerkennung für AntragsstellerInnen nach der Reform. Als Konsequenz der Reform ergibt sich eine Reduktion der IP Zuerkennungen von knapp 40 Prozentpunkten zugunsten eines annähernd gleich hohen Bezugs von Rehageld. In den sonstigen arbeitsmarktrelevanten Zuständen zeigen sich kaum Unterschiede. Zwar bestätigt sich auch hier eine leichte Verbesserung der Beschäftigungssituation für Personen, die der IP Neu unterliegen, doch ist der Effekt quantitativ sehr gering.

» *Im dritten Schritt* konzentrieren wir uns auf die Subpopulation der Personen, die kurz vor und nach Jänner 1964 geboren sind, und führen eine Regressionsdiskontinuitäts-Analyse durch. Dieses Verfahren vergleicht den Unterschied in der Ergebnisvariable von Personen, die im Jänner 1964 geboren sind (und somit den Regeln von IP Neu unterliegen), relativ zu Personen, die im Dezember 1963 geboren sind (und nicht von IP Neu betroffen sind). Der Vorteil dieses Ansatzes ist die transparente Illustration des kausalen Effekts von IP Neu. Der Nachteil ist die limitierte Verallgemeinerbarkeit des gemessenen Effekts: Er gilt nur für Personen, die unmittelbar vor und nach Jänner 1964 geboren sind.

In Übereinstimmung mit den vorhergehenden Resultaten zeigt sich, dass Personen, die im Jänner 1964 oder später geboren sind, (1) mit geringerer Wahrscheinlichkeit einen Antrag auf IP oder Rehageld stellen, (2) mit geringerer Wahrscheinlichkeit eine IP beziehen und (3) mit größerer Wahrscheinlichkeit Rehageld beziehen. Wir finden keine Effekte von IP Neu auf die Beschäftigung, Arbeitslosigkeit oder Krankengeldbezug.

Der kausale Effekt der Reform IP Neu auf Rehamaßnahmen und Gesundheitsausgaben

Die bisherige Analyse hat sich auf die Arbeitsmarkteffekte von IP Neu konzentriert. Zwei mögliche Gründe für die geringfügigen Arbeitsmarkteffekte von IP Neu sind, dass viele

AntragsstellerInnen sich in Rehabilitation befinden und noch keinen Versuch unternommen haben, auf den Arbeitsmarkt zurückzukehren, oder dass die IP Neu die Partizipation an Rehamaßnahmen gar nicht erhöht hat. Um diese Hypothesen genauer zu untersuchen, schätzen wir die kausalen Effekte von IP Neu auf den Bezug von Rehamaßnahmen sowie auf die Gesundheitsausgaben mittels eines Regressionsdiskontinuitäts-Ansatzes.

Für Personen, die um Jänner 1964 geboren sind, zeigt sich, dass mit der IP Neu die Wahrscheinlichkeit, einer Rehamaßnahme zugewiesen zu werden, um rund 7 Prozentpunkte zunahm (dies entspricht einer prozentualen Zunahme von beinahe 40 Prozent). Gleichzeitig finden wir, dass auch die kurzfristigen Gesundheitskosten (bis 8 Quartale nach dem Antrag) leicht zunehmen. Eine mögliche Erklärung ist, dass AntragsstellerInnen im Zuge der Rehamaßnahmen mehr medizinische Leistungen konsumieren. Es ist denkbar, dass diese Unterschiede längerfristig verschwinden oder sich gar umkehren, falls AntragsstellerInnen unter IP Neu verstärkt in Beschäftigung zurückkehren.

Kausale Evaluation durch zufällige Zuteilung der Anträge auf GutachterInnen

» Wir verwenden die zufällige Zuteilung von Anträgen auf die GutachterInnen, um die kausalen Effekte eines Zuspruchs von Rehageld, IP und einer Rehamaßnahme auf den Arbeitsmarkterfolg und die Gesundheitsausgaben zu messen. Wir finden, dass eine Ablehnung von Rehageld das Arbeitseinkommen um 4300-5000 Euro erhöht für marginale AntragsstellerInnen[1]. Rund 19 Prozent der abgelehnten AntragsstellerInnen sind 2 Jahre nach Antragsstellung in Beschäftigung. Der Großteil der abgelehnten AntragsstellerInnen (37 Prozent) befindet sich jedoch in Arbeitslosigkeit zwei Jahre nach Antragsstellung. Dies impliziert, dass das Arbeitsmarktpotenzial

1 Marginale AntragsstellerInnen sind AntragsstellerInnen, für die die Entscheidung ihres Antrages davon abhängt, zu welchem/welcher GutachterIn sie zugeteilt werden. Die Größe dieser Gruppe kann durch unser statistisches Modell abgeschätzt werden. Die zugrunde liegende Idee ist, dass - je nach Charakteristika eines Antrages - manche Anträge von allen GutachterInnen abgelehnt werden würden, andere Anträge jedoch von allen GutachterInnen akzeptiert werden würden. Marginale AntragsstellerInnen sind jene dazwischen liegenden Fälle, wo das Entscheidungsverhalten des Gutachters bzw. der Gutachterin (und damit die Zuteilung eines Antrags zu einem/einer GutachterIn) für die positive Erledigung eines Antrags ausschlaggebend ist. Unser statistisches Modell erlaubt eine probabilistische Zuteilung jedes Antrags zu einer dieser drei Gruppen.

von marginalen AntragsstellerInnen nicht sehr groß ist, und könnte ein Hinweis darauf sein, warum es schwierig ist, AntragsstellerInnen durch Maßnahmen wieder in den Arbeitsmarkt zu integrieren. Bei den Gesundheitsausgaben finden wir keine statistisch signifikanten Effekte.

INHALTSVERZEICHNIS

ABBILDUNGSVERZEICHNIS

TABELLENVERZEICHNIS

EVALUATION IP NEU – AKTUALISIERTER ENDBERICHT

1 „IP NEU“: DIE REFORM DER INVALIDITÄTSPENSION

Im Rahmen des Sozialrechts-Änderungsgesetzes 2012 (BGBl. I Nr. 3/2013) traten am 1.1.2014 umfassende Neuregelungen im Bereich der IP in Kraft. Zielsetzung dieser Änderungen ist die verstärkte Arbeitsmarktintegration von gesundheitlich beeinträchtigten Menschen und die Vermeidung von krankheitsbedingten Pensionierungen. Insbesondere soll der (vollständige oder längerfristige) Rückzug aus dem Erwerbsleben von Personen mit temporären Gesundheitsproblemen verhindert werden. Folgende Maßnahmen wurden beschlossen, um diese Ziele zu erreichen:

Abschaffung der befristeten IP: Für alle nach dem 31.12.1963 geborenen Personen wurde ab 1.1.2014 die Möglichkeit einer befristeten Invaliditäts- bzw. Berufsunfähigkeitspension abgeschafft. Damit ist seit 2014 eine befristete IP für unter 50-Jährige nicht mehr möglich. Ab 2015 (2016, 2017, etc.) erhöhte sich die Altersschwelle auf Alter 51 (52, 53, etc.). Mittelfristig läuft die befristete IP somit vollständig aus. Ein Pensionsanspruch besteht in Zukunft nur dann, wenn Versicherte nicht medizinisch oder beruflich rehabilitiert werden können.

Berufliche Rehabilitation und Umschulungsgeld: Ergibt die medizinische Untersuchung, dass Invalidität bzw. Berufsunfähigkeit vorübergehend mindestens sechs Monate andauert, wird der/die Versicherte einer beruflichen Maßnahme der Rehabilitation des AMS zugewiesen, falls eine solche Maßnahme zweckmäßig und zumutbar ist. Außerdem muss der/die Versicherte zur aktiven Teilnahme an den beruflichen Maßnahmen der Rehabilitation bereit sein. Die Festlegung, für welches Berufsbild die versicherte Person durch die berufliche Rehabilitation qualifiziert werden kann, erfolgt durch den Pensionsversicherungsträger. Es besteht ein Rechtsanspruch auf eine hochwertige Qualifikation auf bisherigem Ausbildungsniveau (Qualifikationsschutz). Während der Dauer der beruflichen Umschulung haben Personen Anspruch auf ein Umschulungsgeld. Das Umschulungsgeld gebührt zuerst in der Höhe des Arbeitslosengeldes. Ab dem Beginn der ersten Maßnahme wird dieser Grundbetrag um 22 Prozent erhöht.

Medizinische Rehabilitation und Rehabilitationsgeld: Personen, die aufgrund einer vorübergehenden Invalidität keiner Erwerbstätigkeit nachgehen und nicht beruflich rehabilitiert werden können, haben einen Rechtsanspruch auf medizinische Rehabilitation, wenn diese zur Wiederherstellung der Arbeitsfähigkeit notwendig und zweckmäßig ist. Während der Dauer der medizinischen Rehabilitation erhalten Personen ein Rehabilitationsgeld im Ausmaß des Krankengeldes und ab dem 43. Tag im Ausmaß des erhöhten Krankengeldes. Rehabilitationsgeld wird unbefristet zugesprochen, jedoch wird der Gesundheitszustand der betroffenen Person regelmäßig untersucht. Spätestens ein Jahr nach der Zuerkennung oder der letzten Begutachtung erfolgt die Überprüfung, ob eine vorübergehende Invalidität weiterhin vorliegt. Feststellung der Höhe und die Auszahlung des Rehabilitationsgeldes sowie eine allfällige Unterstützung der/des Betroffenen zur Wiederherstellung der Arbeitsfähigkeit erfolgen durch den zuständigen Krankenversicherungsträger.

IP Neu sah zudem eine Reihe von organisatorischen und flankierenden Begleitmaßnahmen vor. Insbesondere wurde für die Erstellung von medizinischen, berufskundlichen und arbeitsmarktbezogenen Gutachten das „Kompetenzzentrum Begutachtung“ eingerichtet. Die Erstellung der Gutachten erfolgt nach einheitlichen Standards und bei Klärung arbeitsmarktbezogener Fragen unter Einbeziehung des AMS. Dem AMS wurde zudem die Förderung und Wiedereingliederung von gesundheitlich beeinträchtigten Menschen in den Arbeitsmarkt als gesetzliche Aufgabe übertragen. Ein weiterer Eckpfeiler war die Einführung eines Case Managements, welches RehageldbezieherInnen dabei unterstützt, im Rahmen eines Versorgungsplanes ihre Arbeitsfähigkeit wiederzuerlangen.

2 LITERATURÜBERSICHT

Verschiedene Studien untersuchen die Übertritte vom Erwerbsleben in die IP in Österreich. Mayer-Schulz und Stefanits (2012) analysieren den Übertritt in die Pension von Personen, die im Jahr 2011 einen Erstzugang in die Invaliditäts- bzw. Berufsunfähigkeitspension aufweisen. Die Auswertungen kommen zum Schluss, dass unmittelbar vor Antritt der IP nur rund ein Drittel der Neuzugänge erwerbstätig ist. Knapp ein Drittel bezieht unmittelbar vor der Pension Geldleistungen der Arbeitslosenversicherung und ein Viertel Krankengeld.

Heil u. a. (2013) analysieren die Arbeitsmarktkarrieren von Personen mit befristeten und unbefristeten IP getrennt. Die empirischen Auswertungen zeigen, dass die Arbeitsmarktintegration von Personen mit Erstzugang in eine befristete IP deutlich niedriger ist als bei Personen, die in eine unbefristete IP übergehen. In den 60 Monaten vor Pensionsbeginn sind Männer mit einer befristeten IP während 33,4 Monaten beschäftigt verglichen mit 41,3 Monaten bei Männern mit einer unbefristeten IP. Bei Frauen liegen diese Werte bei 36,5 (befristet) und 40,6 (unbefristet) Monaten.

Die Studien von Stefanits u. a. (2009) und Fuchs (2013) untersuchen die personenspezifischen Antragsverläufe auf IP in Österreich. Stefanits u. a. (2009) zeigen, dass rund 63 Prozent der Erstanträge auf eine IP angenommen werden. Ihre Analysen zeigen auch, dass viele Personen eine lange Antragshistorie aufweisen, bis letztendlich eine IP zuerkannt wird. Bei mehr als einem Drittel der Personen mit einem angenommenen Antrag war der Antrag zuvor mindestens einmal abgelehnt worden, und bei zwei Fünftel der Personen mit abgelehntem Antrag wurde der Antrag bereits mehrfach abgelehnt. Die lange Antragshistorie wirkt sich direkt auf die Wartezeit auf eine Leistung aus: Für Personen mit mindestens einem abgelehnten Antrag beträgt die durchschnittliche Dauer zwischen dem Tag der Erstantragsstellung und dem Stichtag der Zuerkennung 24 Monate. Die Auswertungen von Fuchs (2013) zeigen, dass fast drei Viertel der abgelehnten

AntragsstellerInnen innerhalb von 6 Jahren nach der ersten Ablehnung am Ende eine Direktpension erhält: etwa zwei Drittel davon eine IP und ein Drittel davon eine Alterspension. Personen verbringen die Wartezeit auf eine Direktpension mehrheitlich im Status der Arbeitslosigkeit, während der Anteil an Erwerbszeiten sehr gering ausfällt.

Ähnlich wie in Österreich sind in anderen Ländern die Antragskarrieren lang. In den USA beträgt die Dauer zwischen Erstantrag und Zuerkennung rund 29 Monate für jene Personen, deren Erstantrag abgelehnt wurde (Autor u. a. 2015). Autor u. a. (2015) zeigen, dass sich die lange Wartedauer negativ auf die Erwerbstätigkeit von AntragsstellerInnen auswirkt. Zu diesem Zweck nützen sie aus, dass die Zuteilung von AntragsstellerInnen auf medizinische BegutachterInnen in den USA quasi zufällig ist. Die Dauer zur Beurteilung eines Antrags variiert stark zwischen medizinischen BegutachterInnen. Dadurch lässt sich der kausale Effekt der Wartedauer auf die Erwerbstätigkeit messen, da AntragsstellerInnen mit ähnlichen sozioökonomischen Eigenschaften unterschiedlich lange auf die Entscheidung warten müssen. Diese neue Methode zur Schätzung kausaler Effekte wurde außerdem in Studien von Maestas u. a. (2013) und Dahl u. a. (2014) für die Evaluation von IP Reformen in den USA bzw. Norwegen implementiert. Autor u. a. (2015) kommen mit dieser Schätzmethode zum Schluss, dass jeder zusätzliche Monat an Wartezeit die zukünftige Erwerbsquote von AntragsstellerInnen um 0.5 Prozentpunkte reduziert.

Dieses Ergebnis lässt vermuten, dass eine frühe Intervention die Wahrscheinlichkeit für eine erfolgreiche Arbeitsmarktintegration von gesundheitlich beeinträchtigten Personen erhöht. Wissenschaftliche Studien, welche diese Frage in anderen Ländern untersuchen, kommen jedoch zu widersprüchlichen Ergebnissen. Ein interessanter Vergleich lässt sich mit der Schweiz ziehen. Als Folge steigender Ausgaben in der Invalidenversicherung setzte die Regierung zwei Reformen in Kraft, welche dem Grundsatz „Rehabilitation vor Pension" mehr Gewicht verleihen sollten. Insbesondere wurden zwei neue Instrumente eingeführt (bezeichnet als „Früherfassung" und „Frühintervention"), welche - ähnlich zu IP Neu - die berufliche Reintegration von Personen mit einer gesundheitlichen Beeinträchtigung fördern sollten. Diese beiden Instrumente haben maßgeblich zu einem Rückgang der Neuzugänge in der Schweizerischen Invalidenversicherung seit 2004 beigetragen (Bolliger u. a. 2012). Eine Studie in Schweden kommt jedoch zum Schluss, dass verstärkte Integrationsanstrengungen auch unerwünschte Effekte haben können. Im Rahmen eines Pilotprojektes hat Schweden den Effekt verschiedener Rehabilitationsmaßnahmen auf die Arbeitsmarktintegration getestet. Engström u. a. (2015) zeigen, dass diese Intervention tendenziell zu mehr IP-Zuerkennungen geführt hat.

die Raten in Österreich gering. So beziehen etwa in Schweden fast 2.5 Prozent aller 20-34-Jährigen und gar 8 Prozent der 35-49-Jährigen eine IP. Auch in der Schweiz sind die Raten für diese Altersgruppen mit knapp 2 bzw. mehr als 4 Prozent sehr hoch.[2] Auch in den USA sind die IP Raten der 20-49-Jährigen etwa doppelt so hoch wie jene in Österreich.

Die untere Grafik stellt den IP Raten der jüngeren Personen die IP Raten von 50-64jährigen Personen gegenüber. In diesem Altersbereich sind die IP Raten in Österreich überdurchschnittlich hoch, deutlich höher als in Deutschland, der Schweiz und den USA, wenn auch wesentlich geringer als in Schweden.

2 Im Ländervergleich ist zu berücksichtigen, dass der Bezug einer IP nicht gleichzusetzen ist mit Nichterwerbstätigkeit. Die Beschäftigungsquoten von IP BezieherInnen zwischen den Ländern sind unterschiedlich, was z. T. auch durch IP Regeln verursacht ist. Für eine empirische Studie zu den Arbeitsanreizen von IP BezieherInnen in Österreich siehe Ruh/Staubli (2018).

Abbildung 3: IP BezieherInnen Raten im internationalen Vergleich

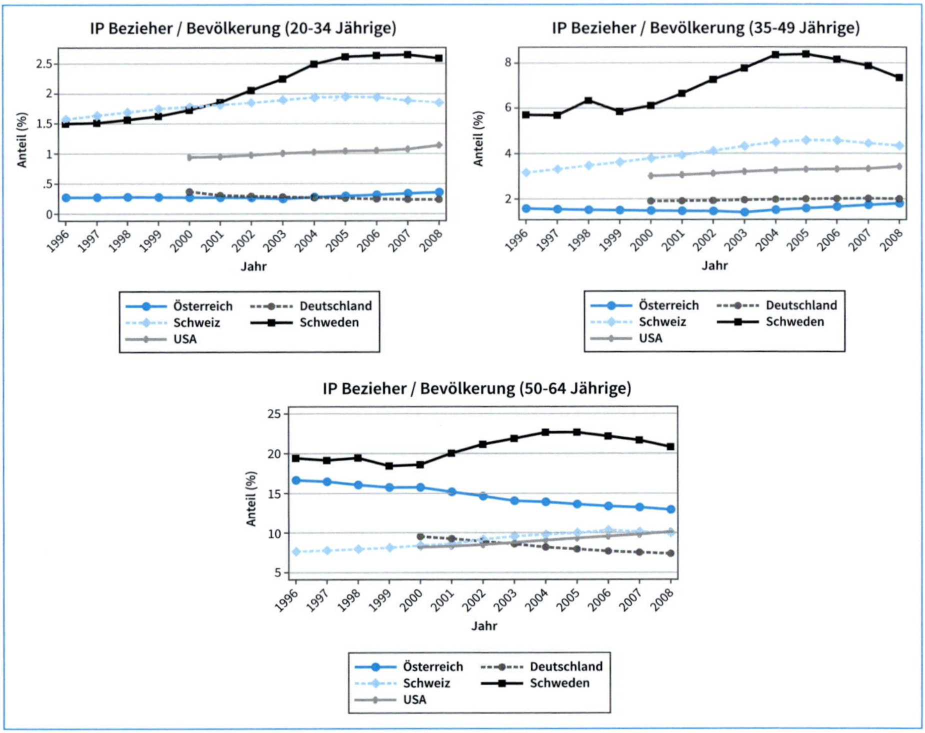

Quelle: Eigene Darstellung, Österreich berechnet aus Statistischem Handbuch des Hauptverbandes und Bevölkerungsdaten[a], internationale Daten aus der OECD Datenbank[b]

[a] Für die Altersklasse 50-64 wurden die OECD Daten auch für Österreich genommen, da das Statistische Handbuch die vorzeitige Alterspension nicht der IP zuweist.

[b] OECD: http://www.oecd.org/publications/sickness-disability-and-work-breaking-the-barriers-9789264088856-en.htm, Chapter 2, figure 2.AI.2.

Schließlich ist es interessant, einen Blick auf die Beschäftigungsraten jener Altersgruppen zu werfen, auf welche die Reform IP Neu abzielt. Um die internationale Vergleichbarkeit zu erleichtern, beziehen wir uns auf die Beschäftigungsraten der 25-54jährigen Bevölkerung, wie sie in den OECD Statistiken ausgewiesen sind. Im Ländervergleich liegt Österreich hier im Mittelfeld, mit deutlich höheren Raten als in Deutschland und den USA, aber geringeren als in Schweden und der Schweiz. Ein ganz anderes Bild ergibt sich bei der Beschäftigungsquote der über 55jährigen Bevölkerung, die in Österreich in den letzten 10 Jahren zwar stark angestiegen ist, aber nach wie vor deutlich unter den Raten der meisten anderen OECD Länder liegt.

Abbildung 4: Beschäftigungsraten im internationalen Vergleich

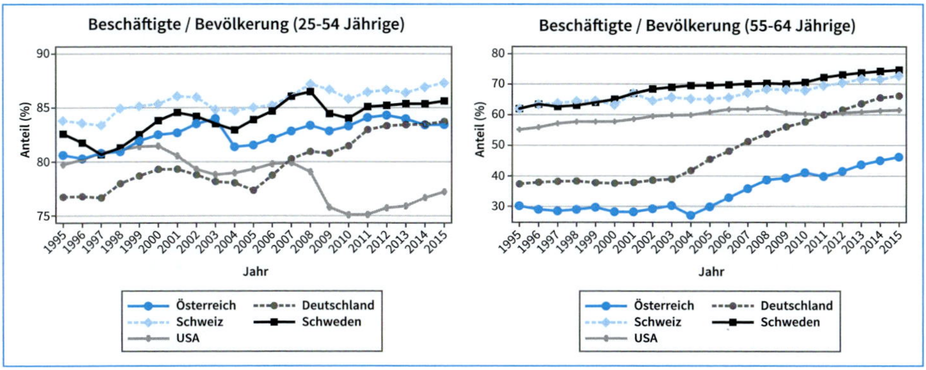

Quelle: Eigene Darstellung, berechnet aus OECD Datenbank
(Employment rate by age group: https://data.oecd.org/emp/employment-rate-by-age-group.htm#indicator-chart)

3.2 Charakteristiken AntragsstellerInnen

Wie unterscheiden sich arbeitsmarktrelevante Charakteristika von IP BezieherInnen von jenen der gleichaltrigen Gesamtbevölkerung? Tabelle 1 gibt eine erste Antwort auf diese Frage. Die Tabelle weist die durchschnittlichen Merkmale aller 20-49jährigen Personen aus, die im Zeitraum 2008 bis 2013 - also vor Inkrafttreten der Reform IP Neu - einen Antrag auf IP gestellt haben. Die Merkmale dieser Gruppe werden mit Merkmalen der 20-49jährigen Gesamtbevölkerung verglichen.

Im genannten Zeitraum haben 77.771 Personen einen Antrag auf IP gestellt. Der/die typische AntragsstellerIn ist mit höherer Wahrscheinlichkeit ArbeiterIn und bezieht ein unterdurchschnittliches Einkommen. Im Jahr vor der Antragsstellung ist das Durchschnittseinkommen weniger als halb so hoch wie in der gleichaltrigen Bevölkerung, was zum Teil auf eine bereits existierende gesundheitliche Einschränkung zurückgeführt werden kann.

Tabelle 1: Charakteristiken Alle (20-49-Jährige; Jahre 2008-2013)

		Antragssteller	Bevölkerung
Antragsalter		40.64	
Arbeiter (%)		68.10	44.80
Österreicher (%)		81.59	72.89
Durchschn. Jahreseinkommen 1 Jahr vor Antrag		9.894	20.734
Durchschn. Jahreseinkommen 5 Jahre vor Antrag		16.454	20.734
Krankheitsgrund (%)	Muskel-Skelett-Erkrankungen	22.55	
	Psychische Erkrankungen	43.40	
	andere Erkrankungen	34.05	
Status ein Jahr vor Antrag (%)	in Beschäftigung	24.21	62.34
	geringfügige Beschäftigung	1.90	3.78
	registrierte Arbeitslosigkeit	34.69	6.42
	Krankengeld	23.38	0.71
	IP Pension	0.38	0.99
	Sonstiges/Unbekannt	3.15	0.68
Status letzten 5 Jahre vor Antrag (%)	in Beschäftigung	41.48	62.34
	geringfügige Beschäftigung	2.56	3.78
	registrierte Arbeitslosigkeit	32.23	6.42
	Krankengeld	7.20	0.71
	IP Pension	0.39	0.99
	Sonstiges/Unbekannt	1.31	0.68
Anzahl Beobachtungen		**77.771**	**3.211.186**

Tabelle 1 zeigt auch, dass bereits 5 Jahre vor einem Antrag das Einkommen der AntragsstellerInnen deutlich unter dem Durchschnitt liegt. Mehr als 50 Prozent machen Muskel-Skelett und psychische Erkrankungen als Krankheitsgrund geltend.

AntragsstellerInnen haben schon in den Jahren vor dem Antrag eine deutlich instabilere Erwerbskarriere als die gleichaltrige Bevölkerung. Ein Jahr vor der Antragsstellung sind lediglich 24 Prozent in regulärer Beschäftigung, die übrigen AntragsstellerInnen sind überwiegend BezieherInnen von Krankengeld oder Arbeitslosengeld. Schon in den 5 Jahren vor dem Antrag ist eine deutlich geringere Anbindung an den Arbeitsmarkt festzustellen. Nur 41 Prozent gehen einer regulären Beschäftigung nach.

Tabellen 2 und 3 zeigen zudem, dass sich dieses Bild nur geringfügig zwischen Männern und Frauen unterscheidet.

Tabelle 2: Charakteristiken Männer (20-49-Jährige; Jahre 2008-2013)

		Antragssteller	Bevölkerung
Antragsalter		40.33	
Arbeiter (%)		80.25	58.47
Österreicher (%)		80.24	70.65
Durchschn. Jahreseinkommen 1 Jahr vor Antrag		10.817	24.305
Durchschn. Jahreseinkommen 5 Jahre vor Antrag		18.825	24.305
Krankheitsgrund (%)	Muskel-Skelett-Erkrankungen	22.83	
	Psychische Erkrankungen	39.12	
	andere Erkrankungen	38.05	
Status ein Jahr vor Antrag (%)	in Beschäftigung	22.29	72.30
	geringfügige Beschäftigung	1.45	2.70
	registrierte Arbeitslosigkeit	39.40	7.55
	Krankengeld	22.14	0.78
	IP Pension	0.42	1.13
	Sonstiges/Unbekannt	3.61	0.78
Status letzten 5 Jahre vor Antrag (%)	in Beschäftigung	40.70	72.30
	geringfügige Beschäftigung	1.78	2.70
	registrierte Arbeitslosigkeit	37.31	7.55
	Krankengeld	7.17	0.78
	IP Pension	0.41	1.13
	Sonstiges/Unbekannt	1.48	0.78
Anzahl Beobachtungen		**39.316**	**1.564.348**

Tabelle 3: Charakteristiken Frauen (20-49-Jährige; Jahre 2008-2013)

		Antragsstellerinnen	Bevölkerung
Antragsalter		40.96	
Arbeiter (%)		55.68	31.81
Österreicher (%)		82.96	75.01
Durchschn. Jahreseinkommen 1 Jahr vor Antrag		8.951	16.912
Durchschn. Jahreseinkommen 5 Jahre vor Antrag		14.031	16.912
Krankheitsgrund (%)	Muskel-Skelett-Erkrankungen	22.26	
	Psychische Erkrankungen	47.67	
	andere Erkrankungen	30.06	
Status 1 Jahr vor Antrag (%)	in Beschäftigung	26.18	59.14
	geringfügige Beschäftigung	2.36	5.16
	registrierte Arbeitslosigkeit	29.89	5.99
	Krankengeld	24.65	0.71
	IP Pension	0.33	0.95
	Sonstiges/Unbekannt	2.69	0.63
Status letzten 5 Jahre vor Antrag (%)	in Beschäftigung	42.28	59.14
	geringfügige Beschäftigung	3.35	5.16
	registrierte Arbeitslosigkeit	27.04	5.99
	Krankengeld	7.23	0.71
	IP Pension	0.37	0.95
	Sonstiges/Unbekannt	1.13	0.63
Anzahl Beobachtungen		**38.455**	**1.646.807**

3.3 Antragskarrieren

In diesem Abschnitt soll das Arbeitsmarktverhalten bei AntragsstellerInnen nach einem IP Erstantrag untersucht werden. 39.316 Männer stellten im Zeitraum von 2008 bis 2013 einen Erstantrag auf IP, von denen 14.239 angenommen wurde. Zunächst ist interessant, wie lange der Antragsprozess dauert. Wie in Tabelle 4 gezeigt wird, kann sich der Prozess vom ersten Antrag bis zur endgültigen Entscheidung über einen längeren Zeitraum erstrecken. Die durchschnittliche Bearbeitungszeit betrug etwas weniger als 3 Monate.

10.929 Männer stellten nach einer Ablehnung erneut einen Antrag, von denen 34 Prozent angenommen wurde. Obwohl diese erneuten Anträge etwas rascher entschieden werden, verstreichen beinahe zwei Jahre zwischen dem Erstantrag und der Entscheidung eines Zweitantrages. 249 Männer stellten im Zeitraum von 2008 bis 2013 fünf oder mehr IP Anträge. Die Zuerkennungswahrscheinlichkeit nimmt jedoch mit jedem erneuten Antrag ab. Die Chance, dass einem fünften Antrag stattgegeben wird, ist bei Männern nur noch 16 Prozent.

Bei Frauen ist die Situation ähnlich. Es bestehen kaum geschlechtsspezifische Unterschiede in den Bearbeitungszeiten. Die Zuerkennungswahrscheinlichkeiten sind bei Frauen allerdings etwas höher.

Es ist interessant, die Antragskarrieren der unter 50-Jährigen mit jenen der über 50-Jährigen zu vergleichen. Tabelle 5 weist die Antragskarrieren der über 50jährigen AntragsstellerInnen aus. Hier sticht ins Auge, dass Erstanträge von Männern viel eher angenommen werden als Erstanträge von Frauen in diesem Altersfenster. Die kumulative Zuerkennungswahrscheinlichkeit ist bei den älteren AntragsstellerInnen viel größer als bei den jüngeren. Die Wahrscheinlichkeit, erneut einen Antrag zu stellen, ist im Falle einer Ablehnung bei den älteren AntragsstellerInnen ebenfalls deutlich höher.

In Abbildung 5 betrachten wir den Arbeitsmarktstatus der Personen vor und nach dem ersten IP Antrag. Die Grafik bezieht alle Anträge, welche im Zeitraum 2008 bis 2013 gestellt wurden, mit ein. Es werden die arbeitsmarktrelevanten Zustände in den 3 Jahren vor und nach dem Antrag betrachtet. 3 Jahre vor dem Antrag waren noch 60 Prozent der späteren AntragsstellerInnen beschäftigt, der Anteil dieser Personen, welche noch in Beschäftigung sind, nimmt aber vor allem im letzten Jahr vor der Antragsstellung rapide ab und befindet sich in den ersten Monaten nach Antragsstellung nur noch bei rund 10 Prozent. Die Abnahme der Beschäftigung vor dem Erstantrag korrespondiert mit erhöhtem Bezug von Krankengeld. Dieser Anteil nimmt jedoch nach dem Erstantrag rapide ab. Im Spiegelbild nimmt der Anteil der Personen, denen eine IP zuerkannt wurde, auf 40 Prozent zu. Auffällig ist auch, dass ein großer Anteil der AntragsstellerInnen (23 Prozent) bereits 3 Jahre vor dem Antrag arbeitslos ist. Dieser Anteil steigt bis 6 Monate nach dem Antrag auf 37 Prozent an, um dann wieder zu sinken. Jedoch sind 28 Prozent der AntragsstellerInnen auch 36 Monate nach dem Erstantrag immer noch arbeitslos.

In Abbildung 5 werden alle Erstanträge zusammen betrachtet, unabhängig davon, welche Entscheidung über den Antrag gefällt wurde. Es ist naheliegend, dass sich das Arbeitsmarktverhalten von Personen mit einem angenommenen Antrag unterscheidet vom Verhalten von Personen, deren Antrag abgelehnt wurde. Für den Fall, dass der Antrag angenommen wurde, ist zudem der Unterschied zwischen Personen mit befristeter bzw. unbefristeter IP von Interesse. Diesen Fragen wird in den Abbildungen 6-10 nachgegangen.

In Abbildung 6 betrachten wir angenommene IP Erstanträge. Die Beschäftigung dieser Subgruppe unterscheiden sich nur geringfügig von jener der Gesamtheit aller AntragsstellerInnen, mit dem wichtigen Unterschied, dass eine IP Zuerkennung mit Beschäftigungsraten von unter 10 Prozent einhergehen. Zudem fällt auf, dass der Anteil an arbeitslosen Personen ebenfalls sehr gering ist. Wie zu erwarten, liegt der Anteil der IP BezieherInnen 6 Monate nach dem Erstantrag bei nahezu 100 Prozent, nimmt dann aber wieder etwas ab. Dies lässt darauf schließen, dass nur ein geringer Teil der IP BezieherInnen mittelfristig wieder auf den Arbeitsmarkt zurückkehrt.

Abbildung 7 betrachtet Personen, deren Erstantrag abgelehnt wurde, die aber einen Folgeantrag stellen. Diese Gruppe unterscheidet sich im Arbeitsmarktverhalten vor dem Antrag nur unwesentlich vom Total der AntragsstellerInnen, jedoch schnellt der Anteil arbeitsloser Personen nach dem abgelehnten Erstantrag in die Höhe und beträgt 6 Monate nach dem Erstantrag 60 (!) Prozent.

Tabelle 4: Antragskarrieren (20-49-Jährige)

Antrag Nr.	Anzahl Anträge	Zuerken-nungen	Ableh-nungen	Zuerk. W'keit	kumulative Z.W'keit	erneuter Antrag bei Ablehnung	Bearbei-tungsdauer in Monaten	Dauer seit 1. Antrag
Männer								
1	39.316	14.239	23.491	0.36	0.36	0.47	2.91	2.91
2	10.929	3.770	6.315	0.34	0.46	0.54	2.27	23.14
3	3.430	895	2.170	0.26	0.48	0.46	2.46	38.26
4	1.009	229	638	0.23	0.49	0.39	2.41	46.75
5	249	41	165	0.16	0.49	0.38	2.49	51.59

Antrag Nr.	Anzahl Anträge	Zuerken-nungen	Ableh-nungen	Zuerk. W'keit	kumulative Z.W'keit	erneuter Antrag bei Ablehnung	Bearbei-tungsdauer in Monaten	Dauer seit 1. Antrag
Frauen								
1	38.455	14.804	22.375	0.38	0.38	0.44	2.81	2.81
2	9.859	3.585	5.619	0.36	0.48	0.49	2.28	23.29
3	2.778	774	1.758	0.28	0.50	0.41	2.47	38.80
4	721	169	470	0.23	0.50	0.32	2.43	47.84
5	150	28	97	0.19	0.50	0.34	2.52	53.33

In Abbildung 8 ist die Gruppe der Personen, deren Antrag abgelehnt wurde und die keinen Folgeantrag gestellt haben. Auch hier zeigen sich keine wesentlichen Unterschiede im Arbeitsmarktverhalten vor dem Antrag. Ein wesentlicher Teil (etwa 40 Prozent) der Personen dieser Gruppe kehrt innerhalb von 3 Jahren wieder in Beschäftigung zurück, ein nahezu ebenso großer Teil befindet sich allerdings nach 3 Jahren in Arbeitslosigkeit.

Schließlich unterscheiden wir angenommene Erstanträge für eine befristete IP (Abbildung 9) bzw. unbefristete IP (Abbildung 10). Abbildung 9 zeigt ein wichtiges Faktum:

Personen, denen eine befristete IP zuerkannt wurde, sind nach 3 Jahren kaum noch in Beschäftigung zu finden. Die Beschäftigung von Personen mit befristeter IP ist ähnlich wie jene von Personen mit einer unbefristeten IP. Der Anteil an Personen mit einer befristeten IP, die nach 3 Jahren wieder in Beschäftigung zurückgekehrt sind, ist geringer als 10 Prozent. Der überwiegende Teil bezieht nach wie vor eine IP.

Tabelle 5: Antragskarrieren (50-65-Jährige)

Antrag Nr.	Anzahl Anträge	Zuerken- nungen	Ableh- nungen	Zuerk. W'keit	kumulative Z.W'keit	erneuter Antrag bei Ablehnung	Bearbei- tungsdauer in Monaten	Dauer seit 1. Antrag
Männer								
1	82.220	38.780	39.607	0.47	0.47	0.55	3.04	3.04
2	21.928	10.782	9.769	0.49	0.60	0.57	2.14	20.16
3	5.563	1.964	3.116	0.35	0.63	0.48	2.27	35.60
4	1.506	497	853	0.33	0.63	0.41	2.30	46.07
5	349	105	197	0.30	0.63	0.33	2.35	52.22

Antrag Nr.	Anzahl Anträge	Zuerken- nungen	Ableh- nungen	Zuerk. W'keit	kumulative Z.W'keit	erneuter Antrag bei Ablehnung	Bearbei- tungsdauer in Monaten	Dauer seit 1. Antrag
Frauen								
1	46.430	14.893	29.620	0.32	0.32	0.43	2.69	2.69
2	12.690	4.775	7.068	0.38	0.42	0.47	2.17	20.74
3	3.294	1.089	1.940	0.33	0.45	0.39	2.24	35.65
4	762	224	453	0.29	0.45	0.35	2.19	45.16
5	160	46	87	0.29	0.45	0.34	1.91	49.78

Abbildung 5: Arbeitsmarktstatus vor/nach 1. Antragsstellung: alle Anträge

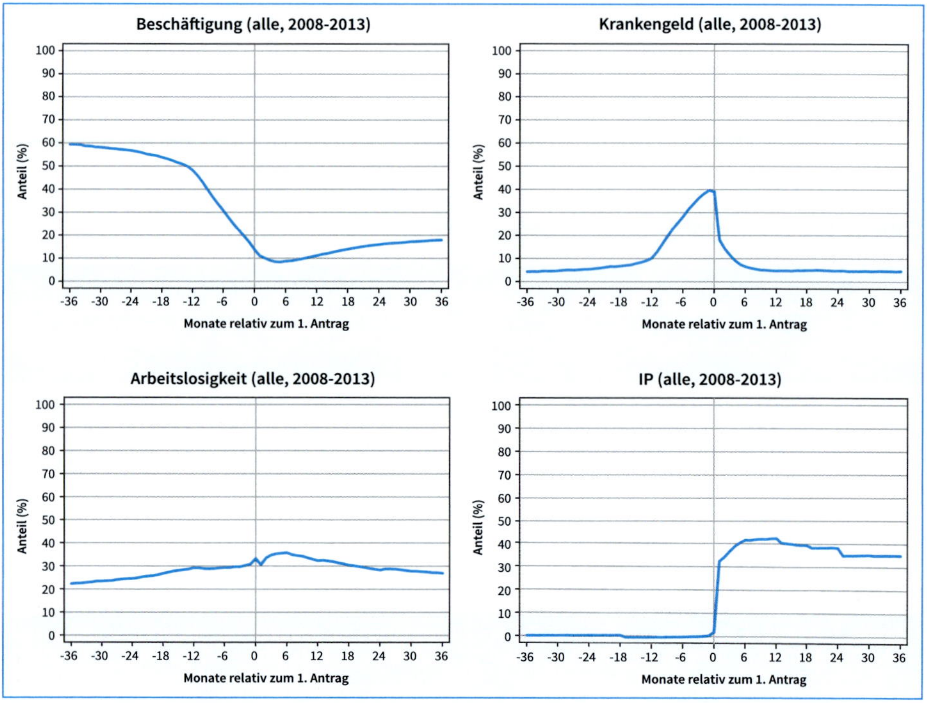

Abbildung 6: Arbeitsmarktstatus vor/nach 1. Antragsstellung: angenommene Anträge

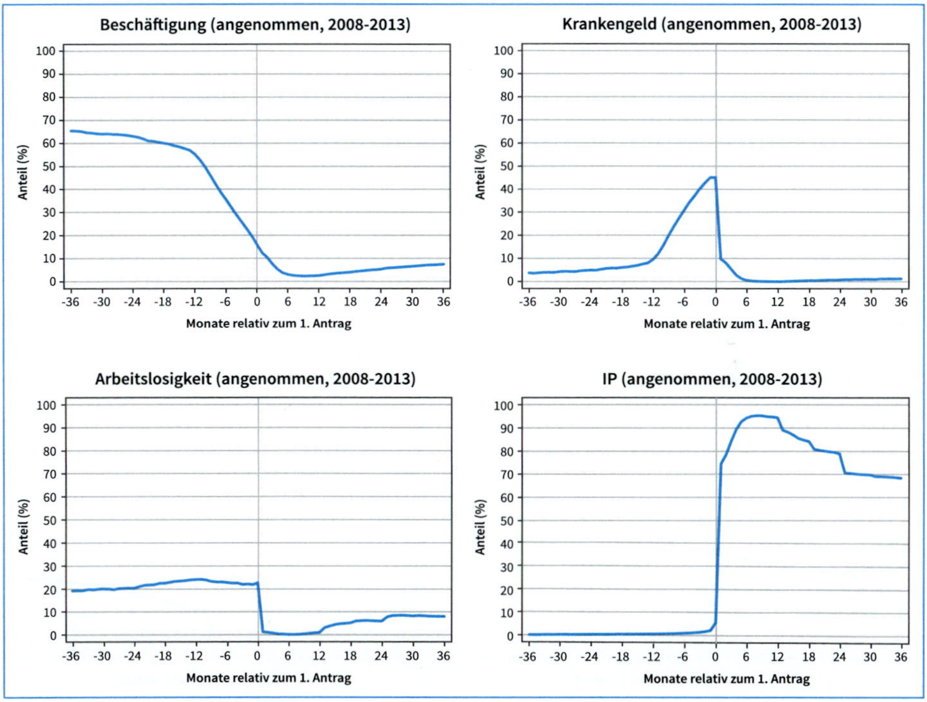

Abbildung 7: Arbeitsmarktstatus vor/nach 1. Antragsstellung: abgelehnte Anträge mit Folgeantrag

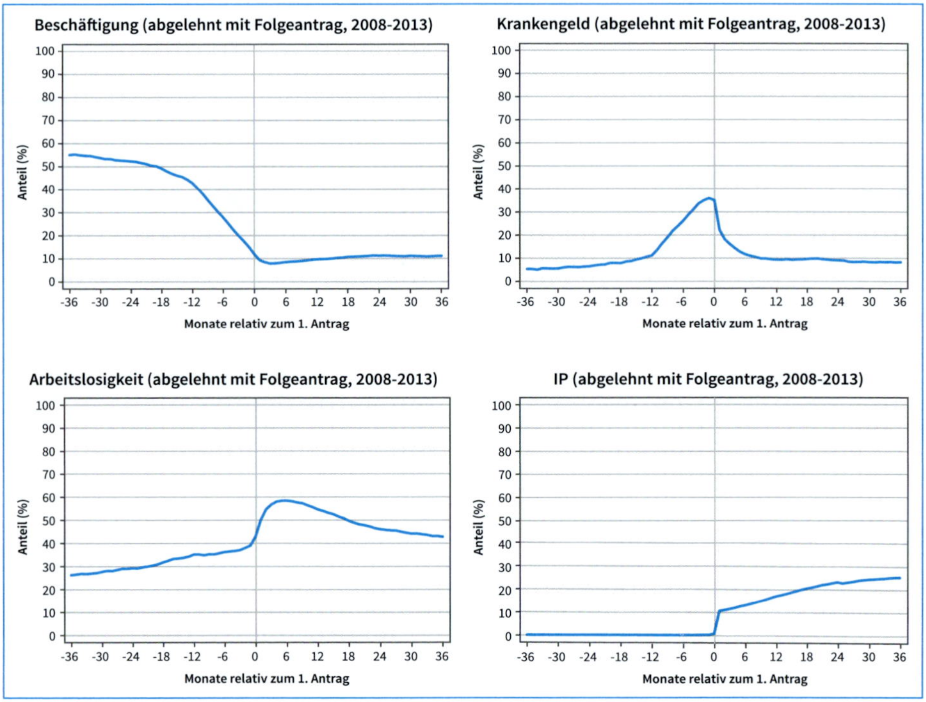

Abbildung 8: Arbeitsmarktstatus vor/nach 1. Antragsstellung: abgelehnte Anträge ohne Folgeantrag

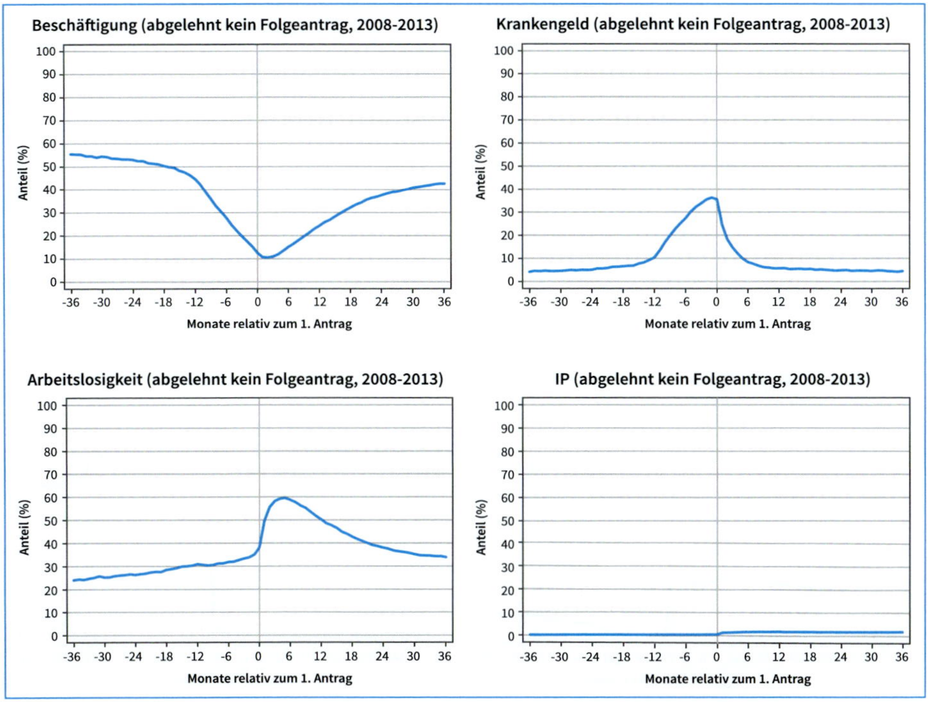

Abbildung 9: Arbeitsmarktstatus vor/nach 1. Antragsstellung: Anträge mit Zuerkennung befristete IP

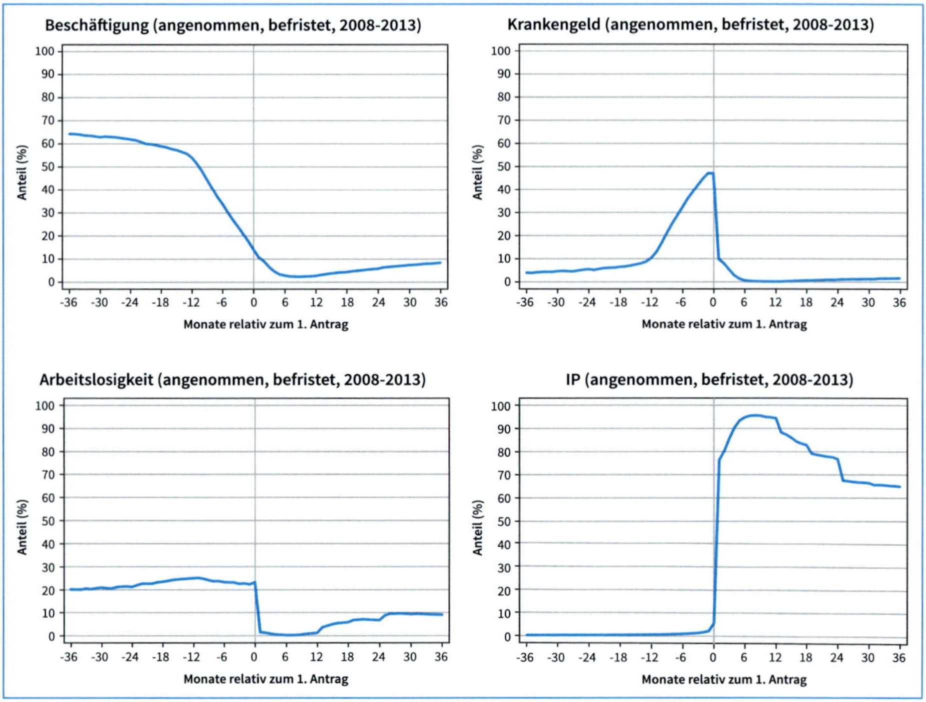

Abbildung 8: Arbeitsmarktstatus vor/nach 1. Antragsstellung: abgelehnte Anträge ohne Folgeantrag

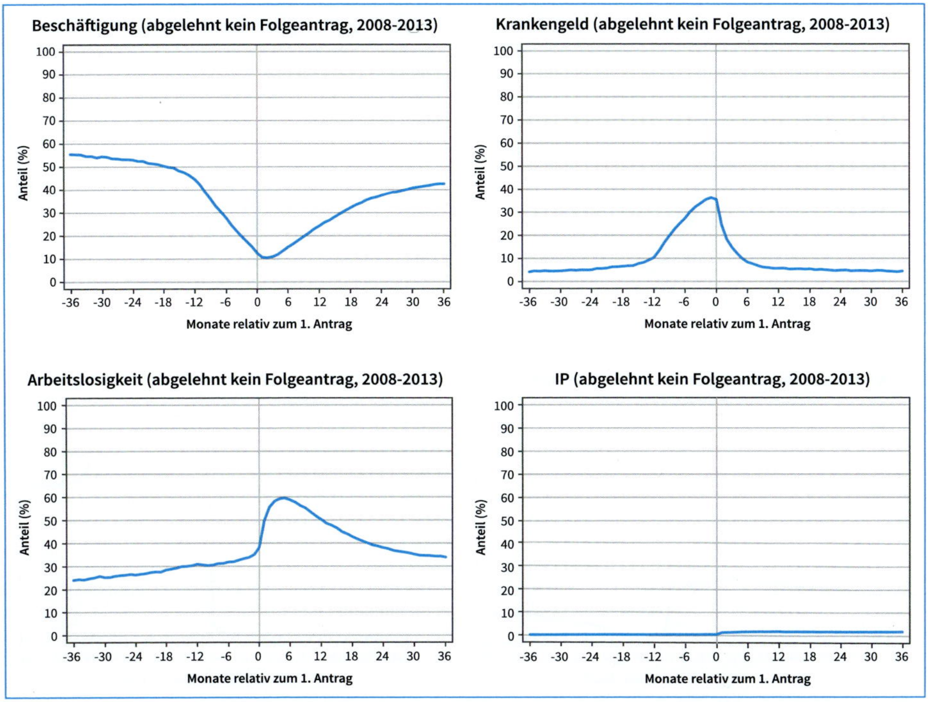

Abbildung 9: Arbeitsmarktstatus vor/nach 1. Antragsstellung: Anträge mit Zuerkennung befristete IP

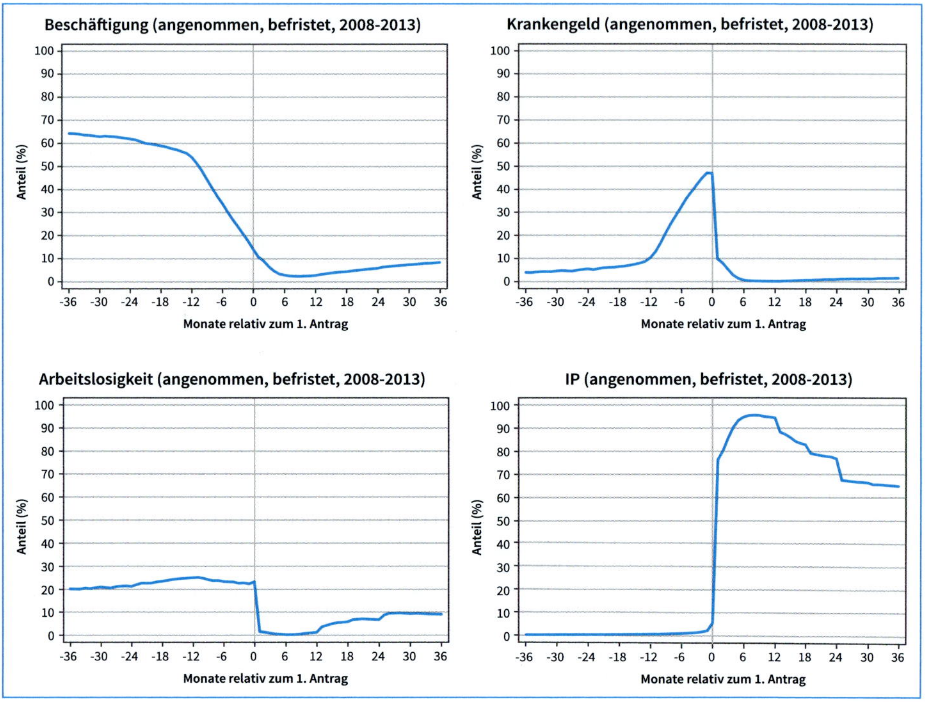

Abbildung 10: Arbeitsmarktstatus vor/nach 1. Antragsstellung: Anträge mit Zuerkennung unbefristete IP

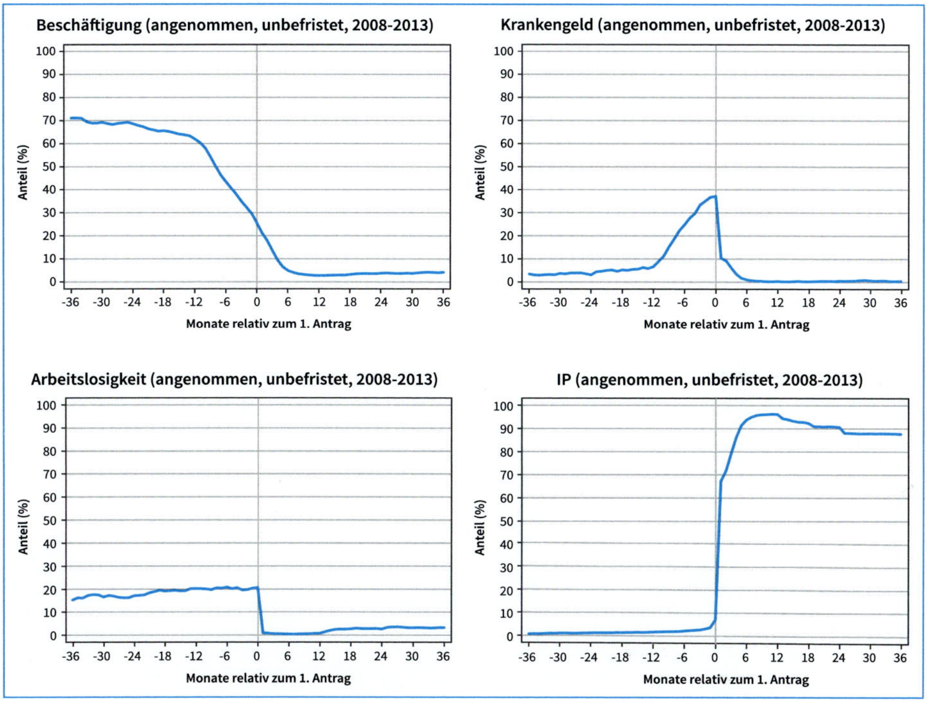

4 ENTWICKLUNG SEIT DER REFORM IP NEU

In diesem Kapitel wird die Entwicklung der Anträge sowie der Zuerkennungen von Invaliditätspensionen deskriptiv beleuchtet. Wir konzentrieren uns auf die Altersgruppe der 20-49jährigen, die seit Inkrafttreten der Reform IP Neu im Jahr 2014 unmittelbar betroffen ist. (Zu Vergleichszwecken nehmen wir jedoch fallweise auch auf die 50+jährigen Personen Bezug).

4.1 IP-Anträge und IP-Neuzugänge von Personen im Alter 20-49

Aus Abbildung 11 geht hervor, dass die Neuzugänge in die IP der 20-49jährigen Männern und Frauen im Jahr 2014 sprunghaft abgenommen haben. Noch im Jahr 2013, dem letzten Jahr vor Inkrafttreten der Reform, lag die Anzahl der IP Neuzugänge bei z.T. deutlich mehr als 700 Personen pro Quartal. Im Jahr 2014 fiel dieser Wert auf unter 130 und steigt seither wieder an, ohne jedoch das Niveau der Jahre vor der Reform zu erreichen. Im Spiegelbild kommt es mit dem Jahr 2014 zu einer sprunghaften Zunahme des Bezugs von Rehabilitationsgeld. Dagegen kommt es nur zu einer sehr kleinen Zunahme im Bezug von Umschulungsgeld, das von der Reform IP Neu ebenfalls vorgesehen ist. Insgesamt beobachten wir in den Daten nur 383 Fälle von Umschulungsgeld.

Abbildung 11: IP-Anträge und IP-Zuerkennungen im Alter 20-49

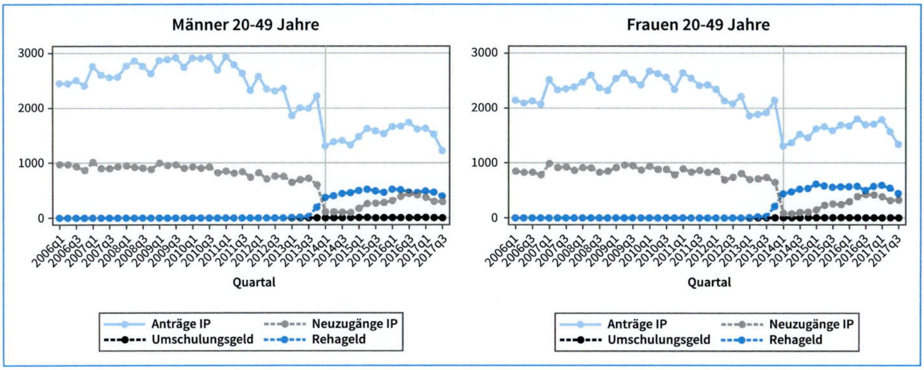

Interessant ist auch ein Blick auf die Entwicklung der IP Anträge. Die Anzahl der Anträge betrug im Jahr 2011 bei Männern noch knapp 3000 pro Quartal, bei Frauen etwa 2500 pro Quartal. Im Vergleich zu diesem Spitzenwert ist die Anzahl der Anträge seit Einführung der IP Neu mit etwa 1500 Anträgen pro Quartal (sowohl bei Männern als auch bei Frauen) vergleichsweise gering. Der rückläufige Trend setzte allerdings bereits seit 2011 ein und ist nicht ausschließlich eine Konsequenz der Reform IP Neu.[3] Ein möglicher Grund für den Rückgang ist die Verlängerung der sogenannten Sperrfrist: Nach Ablehnung eines Antrags auf IP konnte bis zum Jahr 2011 innerhalb eines Jahres - außer im Falle einer Verschlechterung des Gesundheitszustandes - kein weiterer Antrag gestellt werden. Diese Frist wurde im Jahr 2011 auf 18 Monate ausgedehnt. Außerdem wurde die Sperrfrist für neue Anträge nach Zurückziehung einer Klage auf Zuerkennung einer IP im Jahr 2014 von neun auf zwölf Monate verlängert.

Um die Auswirkungen der Verlängerung der Sperrfristen auf das Antragsverhalten besser zu verstehen, ist es interessant, die Anträge auf IP in Erstanträge und Folgeanträge zu unterteilen. Diese Unterteilung wird in Abbildung 12 vorgenommen. Die Verlängerung der Sperrfristen sollte sich in erster Linie auf die Folgeanträge auswirken und weniger auf die Erstanträge. Jedoch waren beide Kategorien von Anträgen in den Jahren 2011 - als die Sperrfrist für Folgeanträge verlängert wurde - bis 2014 rückläufig und verzeichneten mit der Einführung der IP Neu einen sprunghaften Rückgang. Die Erstanträge verharren seit Inkrafttreten der Reform IP Neu konstant auf einem tieferen Niveau, während die Folgeanträge wieder ansteigen und beinahe wieder das Niveau vor der Reform erreichen.

3 Die Zahlen in Abbildung 11 beziehen sich auf offizielle Statistiken. In Abbildung 42 im Appendix stellen wir diese Zahlen den Werten gegenüber, die sich aus den in dieser Studie verwendeten Rohdaten ergeben. Es zeigen sich sehr ähnliche Werte. Zudem zeigen wir in Abbildung 44 im Appendix, dass wir die gleichen Trends haben, wenn wir dies als Anteile in der Bevölkerung ausweisen.

Abbildung 12: IP-Anträge: Erst- vs. Folgeanträge im Alter 20–49

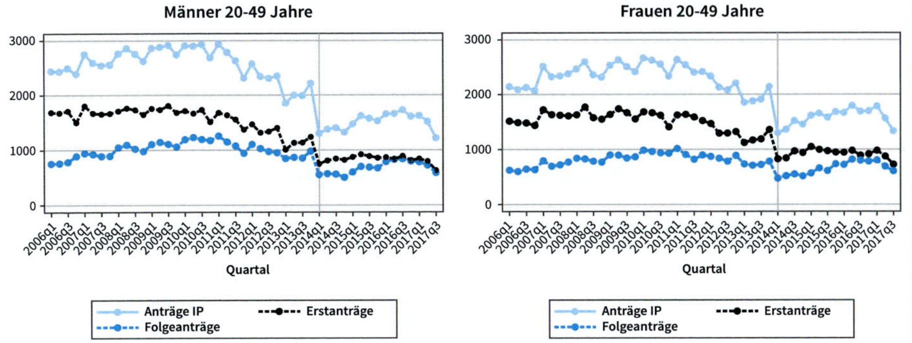

Um die Auswirkungen von IP Neu auf das Antragsverhalten besser zu verstehen, ist es ebenfalls von Interesse, die Wartezeit zwischen den einzelnen Anträgen zu beleuchten. Wie aus Abbildung 13 ersichtlich, hat die Wartezeit zwischen zwei Anträgen von 20-49jährigen AntragsstellerInnen deutlich zugenommen. Der Median der Wartezeit betrug lediglich 10 Monate im Jahr 2006, ist aber seither stark angewachsen und liegt im Jahr 2017 bei mehr als 30 Monaten. Dabei folgt der Anstieg in den Wartezeiten nach 2011 einem steileren Profil. Dies deutet darauf hin, dass die Anhebung der Sperrfrist zu einer Verlängerung der Wartezeiten beigetragen hat. Die Einführung der IP Neu hatte hingegen kaum Auswirkungen auf die Wartezeit zwischen Anträgen, denn im Jahr 2014 ist nur eine geringfügige Änderung im Trend erkennbar.

Abbildung 14 vergleicht die Verteilung der Wartezeit in Monaten für Anträge, die vor 2011, zwischen 2011 und 2013 und nach 2014 entschieden wurden. Dabei zeigen sich interessante Unterschiede. Der Modus der Wartezeitverteilung von Anträgen, die vor 2011 entschieden wurden, beträgt 12 Monate. Die Erhöhung der Wartezeit von 12 auf 18 Monate im Jahr 2011 hat die Wartezeitverteilung von Anträgen insgesamt nach rechts verschoben, d. h., die Wartezeit zwischen zwei Anträgen ist systematisch länger. Die

Wartezeitverteilung von Anträgen nach 2014 ist nochmals weiter nach rechts verschoben, und es zeigt sich insbesondere ein starker Anstieg nach 18 Monaten Wartezeit. Dies legt die Vermutung nahe, dass viele AntragsstellerInnen genau nach Ablauf der Sperrfrist von 18 Monaten einen Folgeantrag stellen.

Abbildung 13: IP-Anträge: Median Wartezeit zwischen Anträgen im Alter 20-49

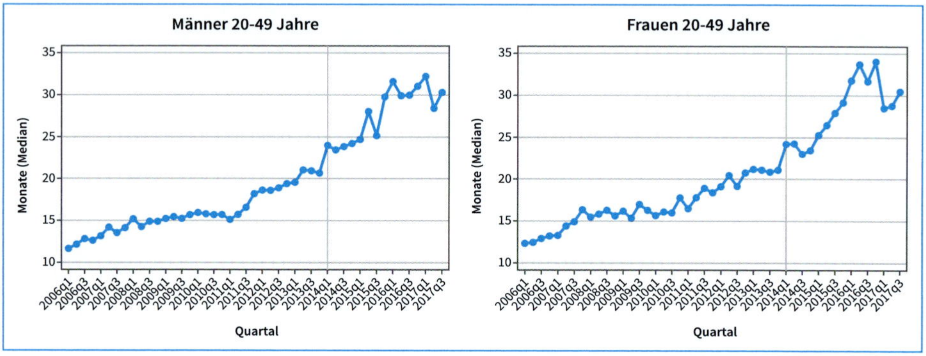

Abbildung 14: Verteilung Wartezeit nach abgelehntem Antrag, Alter 20-49

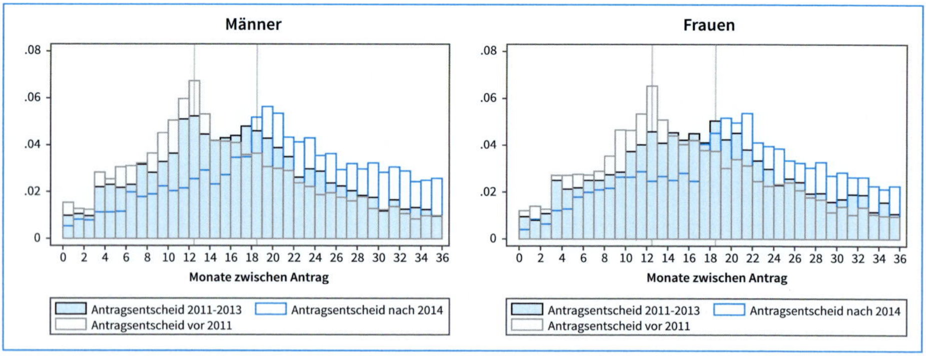

In Abbildung 15 wird die Entwicklung der IP Anträge nach Krankheitsgrund dargestellt. Wir fassen diese Krankheitsgründe in drei breite Kategorien zusammen: (i) Muskel-Skelett Erkrankungen, (ii) psychische Erkrankungen und (iii) sonstige Erkrankungen. Die Anträge waren bei allen drei Kategorien bis 2013 rückläufig und nahmen mit der Einführung der IP Neu in 2014 sprunghaft ab. Seither ergeben sich jedoch nach Krankheitsursache divergierende Entwicklungen. Während die Anträge bei Muskel-Skelett Erkrankungen weiterhin rückläufig sind und die Anträge bei sonstigen Ursachen auf relativ konstantem Niveau verharren, nehmen die Anträge bei psychischen Erkrankungen tendenziell wieder zu. Im Jahr 2017 ist zwar ein Rückgang von Anträgen bei psychischen Erkrankungen zu verzeichnen, dies könnte jedoch dadurch getrieben sein, dass die Antragsdaten für dieses Jahr noch nicht vollständig sind, da nur bereits erledigte Anträge erfasst sind. Als Konsequenz ergibt sich ein ansteigender Anteil von Anträgen aufgrund von psychischen Erkrankungen insbesondere bei Männern. Dieser betrug etwas mehr als 45 Prozent bei Männern und 50 Prozent bei Frauen.

Abbildung 15: IP-Anträge im Alter 20-49 nach Krankheitsgrund

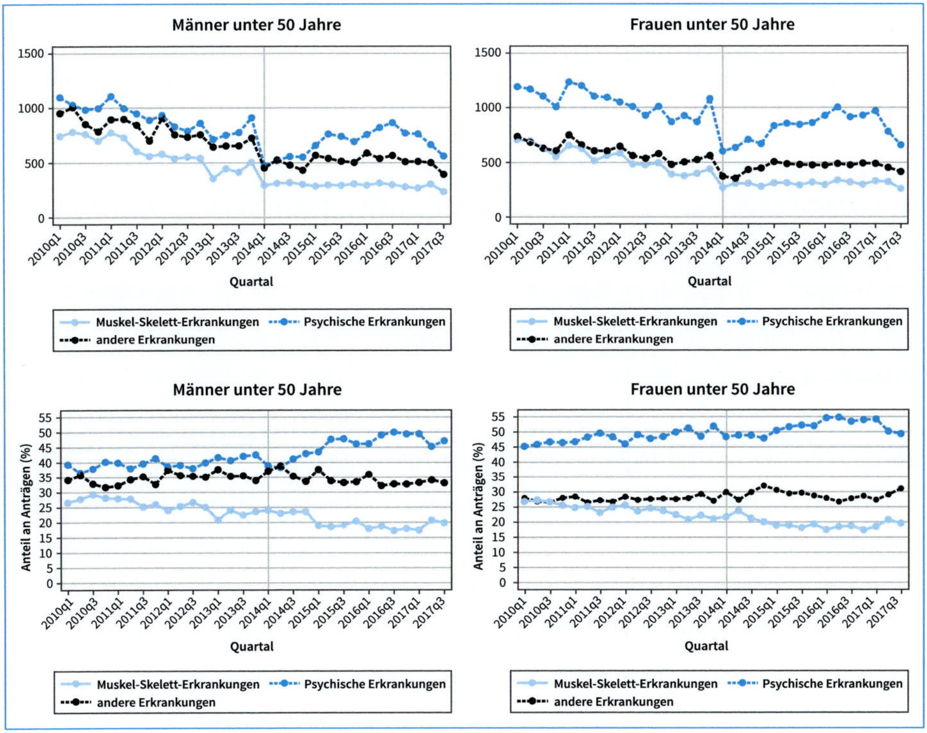

4.2 Charakteristiken AntragsstellerInnen

Um die Unterschiede im Antragsverhalten vor und nach der Einführung von IP Neu besser zu verstehen, ist es wichtig, die Charakteristika der AntragsstellerInnen im Detail zu untersuchen. Tabelle 6 zeigt die Charakteristika der AntragsstellerInnen in den letzten vier Jahren vor Inkrafttreten von IP Neu (2010-2013) im Vergleich zu jenen in den ersten vier Jahren nach Inkrafttreten von IP Neu (2014-2017). Wie die unterste Zeile in der Tabelle zeigt, ist die Anzahl der AntragsstellerInnen um etwa 35 Prozent zurückgegangen, und zwar von mehr als 49.000 Personen auf etwas weniger als 32.000.

Aus der Tabelle ist zunächst ersichtlich, dass es sich bei den AntragsstellerInnen um Personen handelt, deren Nähe zum Arbeitsmarkt gering ist. Weniger als 25 Prozent der AntragsstellerInnen gingen (ein Jahr bevor der Antrag gestellt wurde) einer Beschäftigung nach. Der überwiegende Teil der AntragsstellerInnen bezog entweder Arbeitslosengeld oder Krankengeld. Blickt man weiter auf die Arbeitsmarktkarriere vor der Antragsstellung zurück, zeigt sich ein ebenfalls ungünstiges Bild. Bereits fünf Jahre vor der Antragsstellung war weniger als jeder/jede zweite spätere AntragsstellerIn regulär beschäftigt, ein großer Teil war bereits als arbeitslos registriert oder BezieherIn von Krankengeld. Wie die beiden folgenden Tabellen zeigen, weisen die Arbeitsmarktkarrieren von männlichen und weiblichen AntragsstellerInnen nur unwesentliche Unterschiede auf.

Wie aus Tabelle 6 ersichtlich, unterscheiden sich die AntragsstellerInnen nach der Reform kaum nach dem Alter, nach wie vor sind etwa zwei Drittel der AntragsstellerInnen ArbeiterInnen, und der AusländerInnenanteil ist leicht angestiegen. Die geringere Anzahl der AntragsstellerInnen geht auch Hand in Hand mit einer höheren Konzentration von Schlechterverdienenden. Das durchschnittliche Jahreseinkommen von AntragsstellerInnen nach der Reform ist geringer. Auch der länger zurückliegende Arbeitsmarkterfolg ist etwas ungünstiger für die AntragsstellerInnen nach der Reform. Dies deutet darauf hin, dass die Einkommenseinbußen in den Jahren vor der Antragsstellung für AntragsstellerInnen der Jahre 2014-2017 höher sind als für AntragsstellerInnen der Jahre 2010-2013. Zudem ist der/die typische AntragsstellerIn unter IP Neu ein Jahr vor dem Antrag mit geringerer Wahrscheinlichkeit beschäftigt oder arbeitslos und eher BezieherIn von Krankengeld.

Wie in den beiden folgenden Tabellen 7 und 8 gezeigt wird, gelten diese Unterschiede sowohl für Männer als auch für Frauen. Das legt die Schlussfolgerung nahe, dass der starke Rückgang der IP Neuanträge vor allem, die hinsichtlich Einkommen und Arbeitsmarkterfolg etwas Bessergestellten davon abgehalten hat, einen IP Antrag zu stellen.

Tabelle 6: Differenzen Charakteristiken AntragsstellerInnen Alle (20-49-Jährige)

		2010-2013	2014-2017	Differenz
Antragsalter		40.68	40.65	-0.03
Arbeiter (%)		66.74	63.62	-3.12***
Österreicher (%)		81.04	77.82	-3.22***
Durchschn. Jahreseinkommen 1 Jahr vor Antrag		9.896.84	9.613.98	-282.85***
Durchschn. Jahreseinkommen 5 Jahre vor Antrag		16820.35	16592.35	-228.00**
Krankheitsgrund (%)	Muskel-Skelett-Erkrankungen	22.02	18.56	-3.46***
	Psychische Erkrankungen	44.24	46.30	2.06***
	andere Erkrankungen	33.73	35.14	1.40***
Status ein Jahr vor Antrag (%)	in Beschäftigung	23.72	20.52	-3.20***
	geringfügige Beschäftigung	1.93	1.67	-0.26***
	registrierte Arbeitslosigkeit	33.87	30.61	-3.27***
	Krankengeld	24.18	29.95	5.77***
	IP Pension	0.37	0.25	-0.12***
	Sonstiges/Unbekannt	3.01	2.73	-0.28***
Status letzten 5 Jahre vor Antrag (%)	in Beschäftigung	41.55	39.89	-1.65***
	geringfügige Beschäftigung	2.66	2.60	-0.06
	registrierte Arbeitslosigkeit	31.01	29.69	-1.32***
	Krankengeld	7.31	8.48	1.16***
	IP Pension	0.35	0.34	-0.02
	Sonstiges/Unbekannt	1.32	1.24	-0.07
Anzahl Beobachtungen		**49.449**	**31.825**	**-17.624**

Tabelle 7: Differenzen Charakteristiken AntragsstellerInnen Männer (20-49-Jährige)

		2010-2013	2014-2017	Differenz
Antragsalter		40.36	40.34	-0.03
Arbeiter (%)		79.27	77.01	-2.26***
Österreicher (%)		79.28	75.79	-3.49***
Durchschn. Jahreseinkommen 1 Jahr vor Antrag		10692.76	10598.84	-93.91
Durchschn. Jahreseinkommen 5 Jahre vor Antrag		19196.94	19150.18	-46.76
Krankheitsgrund (%)	Muskel-Skelett-Erkrankungen	22.60	18.90	-3.70***
	Psychische Erkrankungen	39.96	42.83	2.87***
	andere Erkrankungen	37.43	38.26	0.83
Status ein Jahr vor Antrag (%)	in Beschäftigung	21.64	19.37	-2.27***
	geringfügige Beschäftigung	1.49	1.31	-0.19***
	registrierte Arbeitslosigkeit	38.79	34.77	-4.03***
	Krankengeld	22.70	28.33	5.63***
	IP Pension	0.40	0.31	-0.10*
	Sonstiges/Unbekannt	3.51	3.27	-0.25*
Status letzten 5 Jahre vor Antrag (%)	in Beschäftigung	40.60	39.49	-1.12***
	geringfügige Beschäftigung	1.90	1.93	0.03
	registrierte Arbeitslosigkeit	36.14	33.95	-2.19***
	Krankengeld	7.24	8.30	1.06***
	IP Pension	0.36	0.35	-0.01
	Sonstiges/Unbekannt	1.55	1.45	-0.10
Anzahl Beobachtungen		**24.801**	**15.438**	**-9.363**

Tabelle 8: Differenzen Charakteristiken AntragsstellerInnen Frauen (20-49-Jährige)

		2010-2013	2014-2017	Differenz
Antragsalter		40.99	40.93	-0.06
Arbeiter (%)		54.13	51.00	-3.14***
Österreicher (%)		82.82	79.73	-3.09***
Durchschn. Jahreseinkommen 1 Jahr vor Antrag		9095.98	8686.16	-409.82***
Durchschn. Jahreseinkommen 5 Jahre vor Antrag		14429.01	14182.66	-246.35*
Krankheitsgrund (%)	Muskel-Skelett-Erkrankungen	21.46	18.25	-3.21***
	Psychische Erkrankungen	48.44	49.46	1.03*
	andere Erkrankungen	30.10	32.29	2.18***
Status ein Jahr vor Antrag (%)	in Beschäftigung	25.79	21.58	-4.21***
	geringfügige Beschäftigung	2.36	2.00	-0.36***
	registrierte Arbeitslosigkeit	28.93	26.74	-2.19***
	Krankengeld	25.67	31.46	5.79***
	IP Pension	0.35	0.20	-0.15***
	Sonstiges/Unbekannt	2.50	2.23	-0.28**
Status letzten 5 Jahre vor Antrag (%)	in Beschäftigung	42.49	40.27	-2.23***
	geringfügige Beschäftigung	3.43	3.22	-0.20**
	registrierte Arbeitslosigkeit	25.85	25.70	-0.15
	Krankengeld	7.39	8.64	1.25***
	IP Pension	0.34	0.32	-0.02
	Sonstiges/Unbekannt	1.09	1.05	-0.04
Anzahl Beobachtungen		**24.648**	**16.387**	**-8.261**

4.3 Antragskarrieren vor und nach Inkrafttreten von IP Neu

Eine wichtige Intention der Reform IP Neu war die Sicherstellung einer besseren Reintegration von Personen mit temporären gesundheitlichen Einschränkungen in den Arbeitsmarkt. Es ist daher wichtig, Arbeitsmarktkarrieren von AntragsstellerInnen vor der Reform mit Antragsstellern zu vergleichen, für welche bereits die Regeln der IP Neu zutrafen. Diese Vergleiche werden für unterschiedliche Gruppen in den Abbildungen 16 bis 19 angestellt.

Alle AntragsstellerInnen. Der Vergleich fördert eine Reihe von Unterschieden zutage. Der Abbildung 16 liegen alle IP Anträge von Personen im Alter 20-49 Jahren der Jahre 2011 und 2014 zugrunde.[4] Wir verfolgen die arbeitsmarktrelevanten Zustände der AntragsstellerInnen in den ersten 24 Monaten nach einem Antrag. Der Fokus auf Anträge in 2011 stellt sicher, dass innerhalb der ersten 24 Monate nach dem Antrag die Reform IP Neu noch nicht in Kraft war. Der Fokus auf Anträge in 2014 stellt sicher, dass alle Personen, welche einen Antrag unter den neuen Regeln gestellt haben, über die nächsten 24 Monate durchgehend beobachtet werden können. In Panel (a) und (b) zeigt sich, dass mehr als 30 Prozent der AntragsstellerInnen, die der Reform IP Neu unterliegen, 1 Jahr nach dem Antrag Rehageld beziehen, nur knapp 10 Prozent wurde eine IP zuerkannt. Bei Personen, die ihren Antrag vor der Reform gestellt hatten, betrug die IP-Zuerkennungswahrscheinlichkeit noch rund 40 Prozent. Dies ist nicht überraschend. Die Reform IP Neu bedeutet, wie vom Gesetzgeber intendiert, für einen wesentlichen Teil - jedoch nicht für alle - AntragsstellerInnen den Verbleib im AMS System. Zwei Jahre nach Antragsstellung beziehen rund 40 Prozent aller AntragsstellerInnen eine IP Pension im alten System. Mit der IP Neu beziehen rund 30 Prozent aller AntragsstellerInnen Rehageld und 10 Prozent eine IP. Dies zeigt die Substitution von befristeter IP durch Rehageld.

Panels (c)-(f) zeigen, dass AntragsstellerInnen in 2014 zum Zeitpunkt des Antrages und in den Monaten vor dem Antrag mit geringerer Wahrscheinlichkeit noch beschäftigt oder arbeitslos waren und mit höherer Wahrscheinlichkeit Krankengeld bezogen als AntragsstellerInnen des Jahres 2011. Zwei Jahre nach Antragsstellung sehen wir aber keine großen Unterschiede bei allen AntragsstellerInnen. Panel (c) impliziert, dass keine großen

4 Wir haben den Vergleich auch gemacht für alle Einzeljahre 2011 bis 2016. Dies ist dargestellt in den Abbildungen 46 bis 49 im Appendix.

Beschäftigungseffekte der IP Neu bei allen AntragsstellerInnen zu erwarten sind. Dies kann daran liegen, dass es entweder keine Beschäftigungseffekte der Reform gibt oder dass diese klein sind und nur bei Subgruppen, die am stärksten von der Reform betroffen sind, auftreten. Daher vergleichen wir in Abbildung 17 die Antragskarrieren von AntragsstellerInnen mit Zuerkennung einer befristeten IP mit AntragsstellerInnen mit Zuerkennung von Rehageld.

Angenommene Anträge: Befristete IP versus Reha-Geld. Die Reform IP Neu zielt auf Personen mit temporären Gesundheitsproblemen ab und will erreichen, dass diese mittelfristig im Arbeitsmarkt reintegriert werden anstatt - wie häufig im alten System - mittelfristig beim Bezug einer unbefristeten IP landen. Angesichts des beschränkten Zeitraumes seit Einführung der IP Neu kann diese Frage (noch) nicht abschließend beantwortet werden. Es ist jedoch von Interesse, die Unterschiede in der Entwicklung des Arbeitsmarktstatus für angenommene Anträge vor und nach der Reform zu betrachten.

In Abbildung 17 konzentrieren wir uns auf die Subgruppe von Personen mit temporären Gesundheitsproblemen, deren Antrag angenommen wurde. Im alten System vor 2014 wurde diesen Personen eine temporäre IP zugesprochen, nach der Reform IP Neu verblieben diese Personen im System des AMS und bekommen Rehageld (und Umschulungsgeld). Wie aus Abbildung 17, Panel (c), hervorgeht, ist die spätere Beschäftigungssituation von Personen, denen Rehageld zugesprochen wurde, besser als die Situation von Personen, denen eine temporäre IP nach dem alten System zugesprochen wurde. Trotz tieferer Beschäftigung vor Antragsstellung liegt die Beschäftigungsrate von RehageldbezieherInnen rund 4 Prozentpunkte höher im Vergleich zu BezieherInnen einer befristeten IP.

Angenommene Anträge: Unbefristete IP. In Abbildung 18 betrachten wir die Situation von Personen mit einem angenommenen Antrag auf unbefristete IP. Sowohl im alten

Abbildung 18: Arbeitsmarktstatus pre vs. post IP Neu Reform: Unbefristet

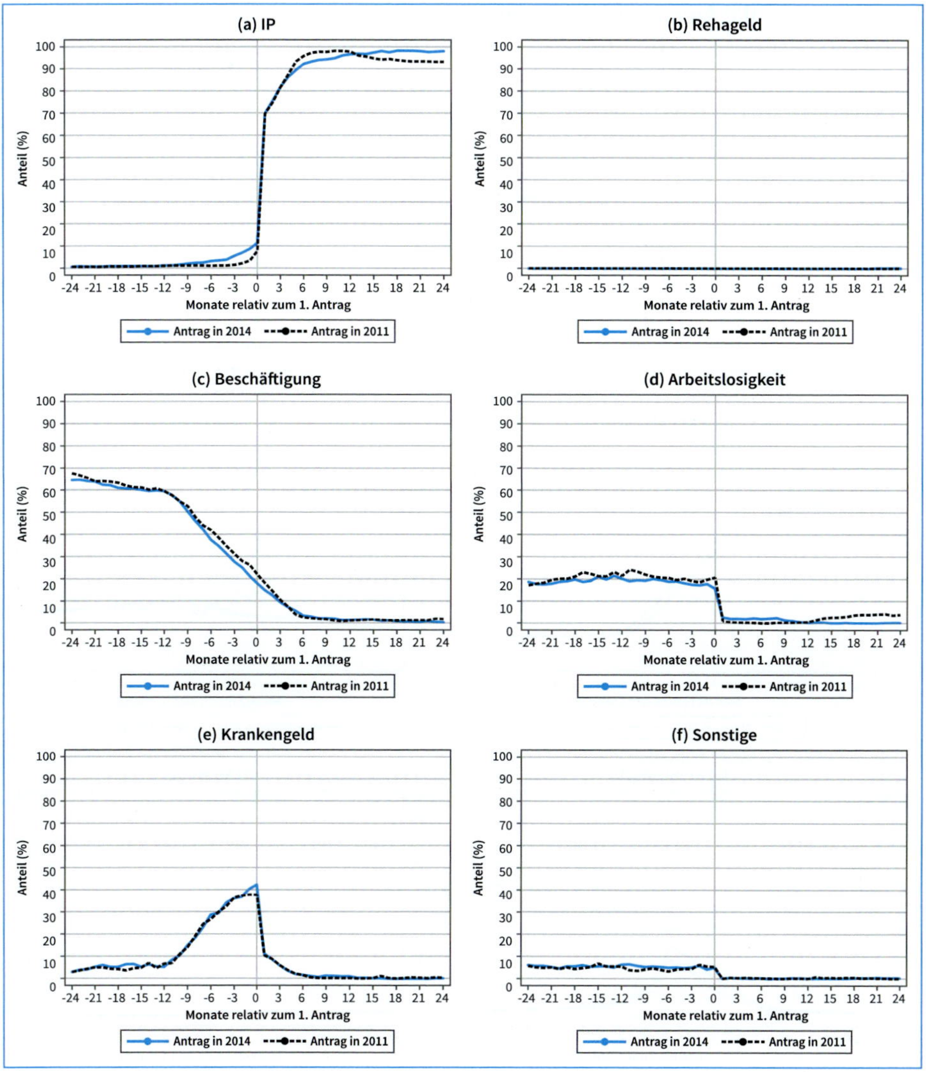

Abbildung 19: Arbeitsmarktstatus pre vs. post IP Neu Reform: alle Anträge über 50-Jährige

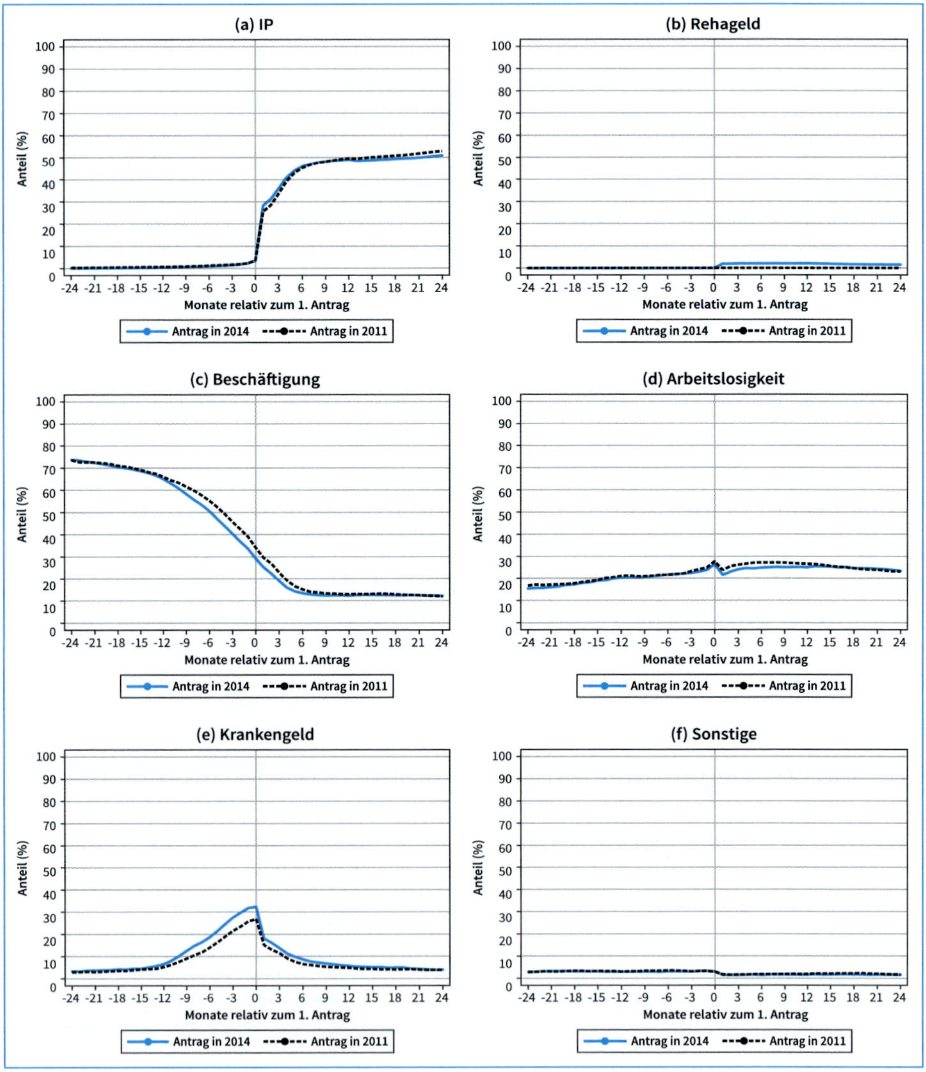

Leider liegen uns keine Informationen über die Zuweisungen zu medizinischen Maßnahmen vor 2014 vor. Daher ist keine Aussage darüber möglich, ob und wie stark sich durch die Einführung von IP Neu die medizinische Betreuung von Personen mit vorübergehender Invalidität/Erwerbsunfähigkeit intensiviert hat. Sowohl für Männer als auch für Frauen deutet die Evidenz auf eine Zunahme des Bezugs von Rehageld seit Inkrafttreten von IP Neu im Jahr 2014 hin, während die Partizipation an medizinischen Maßnahmen seit Anfang 2014 stagniert.[5]

Umschulungsgeld: IP Neu sieht zudem berufliche Rehabilitationsmaßnahmen vor, wenn die medizinische Untersuchung eine vorübergehende Invalidität bzw. Berufsunfähigkeit ergibt, welche voraussichtlich länger als sechs Monate andauert. In einem solchen Fall soll der/die Versicherte einer beruflichen Rehabilitationsmaßnahme des AMS zugewiesen werden, falls diese zweckmäßig und zumutbar ist und falls der/die Versicherte zur aktiven Teilnahme an einer solchen Maßnahme bereit ist.

Die empirische Evidenz betreffend die Inanspruchnahme des Umschulungsgeldes ist ernüchternd. Insgesamt betrug die Zahl der TeilnehmerInnen an Umschulungsmaßnahmen 297 Männer und 86 Frauen. Das bedeutet, die Reform IP Neu hat hinsichtlich der beruflichen Rehabilitation von Personen mit vorübergehender Invalidität (hinsichtlich einer substanziellen Hilfestellung durch Umschulungsmaßnahmen des AMS) die in die Reform gesetzten Erwartungen nicht erfüllt.

Abbildung 21 zeigt die Arbeitsmarktprofile von den 383 UmschulungsgeldbezieherInnen um das Startdatum des Umschulungsgeldes. Der Median der Dauer einer Umschulungsmaßnahme beträgt 95 Tage und die durchschnittliche Dauer beträgt 187 Tage. Drei Jahre nach Start des Umschulungsgeldes sind rund 40 Prozent in Beschäftigung, 20 Prozent in Arbeitslosigkeit und 10 Prozent beziehen eine IP. Für die wenigen Fälle,

5 Der Rückgang der Partizipation an medizinischen Maßnahmen gegen 2017 ist dadurch zu erklären, dass unsere Daten 2017 enden. Die Beobachtungszahlen Ende 2017 sind daher noch unvollständig.

die überhaupt Umschulungsgeld beziehen, ist die Beschäftigung also deutlich höher als bei RehageldbezieherInnen, aber weit entfernt von Vollbeschäftigung. Abbildung 21 basiert auf sehr wenigen Beobachtungen und ist somit mit Vorsicht zu genießen. Eine allgemeine Aussage über die Wirksamkeit von Umschulungsmaßnahmen lässt sich daraus nicht ableiten.

Abbildung 20: Anträge mit Rehageld und Maßnahmen

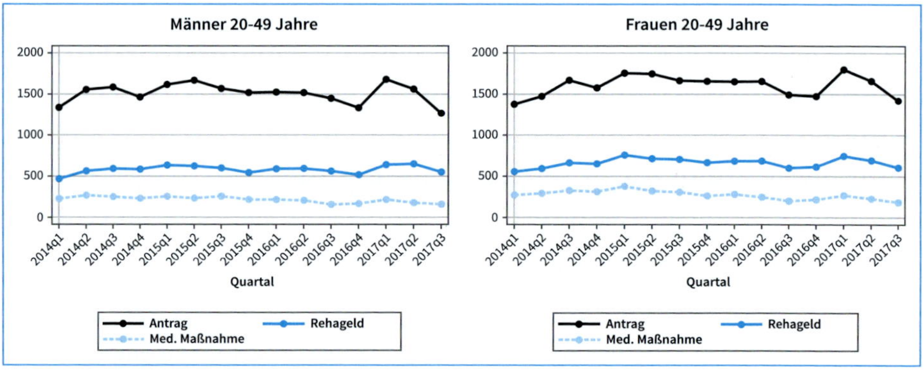

4.5 Durchschnittliche Bearbeitungsdauer

Wir werfen schließlich einen Blick auf die Entwicklung der durchschnittlichen Bearbeitungsdauer der Anträge vor und nach Einführung der IP Neu. Dies ist in Abbildung 22 dargestellt. Betrachtet man die ersten drei Jahre 2014 bis 2016, so zeigt sich eine starke Zunahme der Bearbeitungszeiten, insbesondere für Männer, jedoch auch für unter 50jährige Frauen. Die kurzen Bearbeitungszeiten des Jahres 2017 sind dagegen getrieben durch das Ende des Beobachtungsfensters (welches Ende 2017 endet). Nur die bis dann bereits erledigten Anträge gehen in diesen Indikator ein. Die verlängerte Dauer der Bearbeitung ist nicht (oder jedenfalls nicht direkt) durch die Reform IP Neu bedingt. Dasselbe Muster zeigt sich bei den über 50jährigen AntragsstellerInnen. Diese unterliegen nicht den neuen Regeln der IP Neu. Zudem zeigt sich eine längere Bearbeitungsdauer bereits bei Anträgen, die im Jahr 2013 gestellt wurden.

Abbildung 21: Arbeitsmarktstatus von UmschulungsgeldbezieherInnen

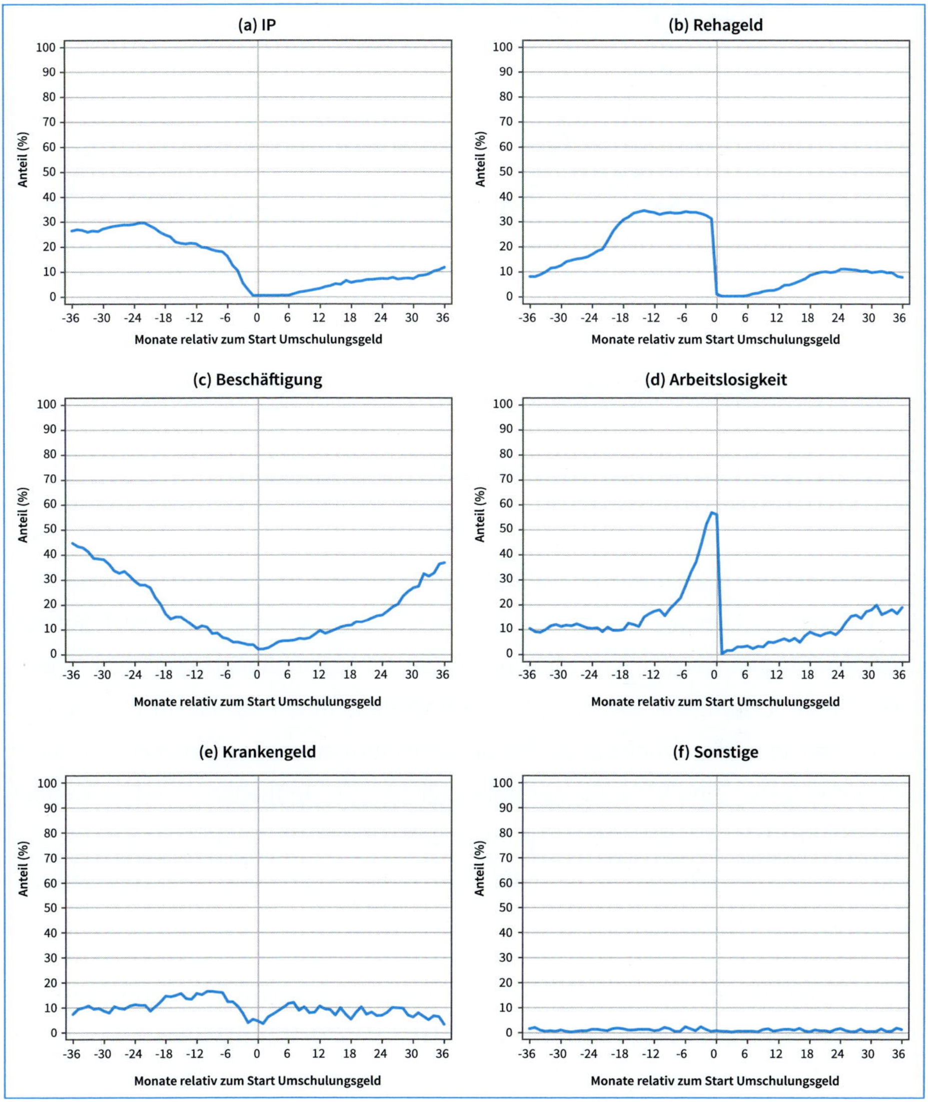

Abbildung 22: Durchschnittliche Bearbeitungsdauer pro Antrag (links 20-49-Jährige, rechts 50-65-Jährige)

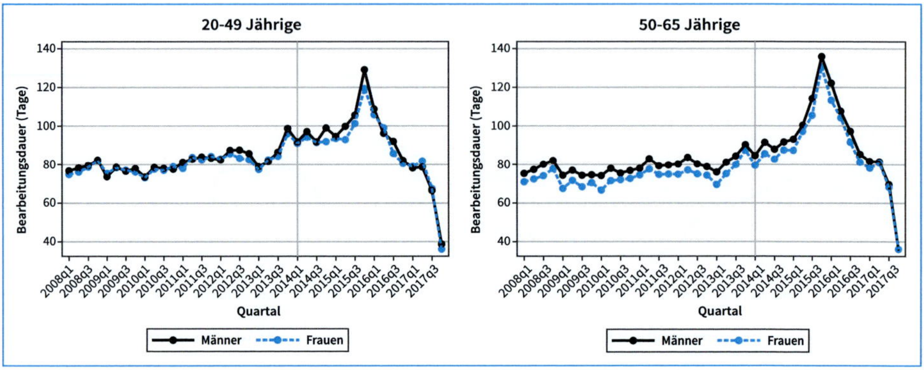

4.6 Gesundheitsausgaben vor und nach Antragsstellung

Eine Frage von besonderem Interesse betrifft den Gesundheitszustand von Personen mit Rehageld und medizinischen Maßnahmen. In diesem Zusammenhang stellen sich zwei Probleme. Informationen über den Gesundheitszustand (Diagnosen) der IP AntragsstellerInnen liegen uns nicht vor, wir können aber auf Informationen über Gesundheitskosten (und -leistungen), welche von IP AntragsstellerInnen verursacht (in Anspruch genommen) wurden, zurückgreifen. Die Gesundheitskosten werden hier als ein - wenn auch imperfekter - Indikator für den tatsächlichen Gesundheitszustand verwendet. Obwohl ein solcher Zusammenhang im Einzelfall nicht zwingend gegeben ist, sind Gesundheitskosten aussagekräftig für die Beschreibung des durchschnittlichen Gesundheitszustands einer Gruppe.[6]

Die Frage, wie die Reform IP Neu die Gesundheitskosten (und den Gesundheitszustand) der Treatment Gruppe - Personen mit Rehageld und medizinischen Maßnahmen - beeinflusst hat, kann an dieser Stelle nicht schlüssig beantwortet werden. Der Grund ist, dass

6 Bei der Interpretation der Gesundheitskosten als Gesundheitsindikator ist jedoch Vorsicht geboten. Dies gilt sowohl für den Vergleich der Gesundheitskosten zwischen zwei Gruppen, insbesondere aber für den zeitlichen Verlauf der Gesundheitskosten innerhalb einer Gruppe.

Gesundheitsdaten nur für jeweils drei Jahre vorliegen und dies erst ab 2014.[7] Dies ist ein zu kurzer Zeitraum, um Effekte auf die Gesundheitskosten eruieren zu können. Insbesondere ist ein Vergleich von Gesundheitskosten von AntragsstellerInnen vor und nach der IP Neu nicht möglich. Jedoch kann mithilfe der vorliegenden Daten der Frage der Zielgenauigkeit der Reform IP Neu nachgegangen werden. Wie stark unterscheiden sich die Gesundheitskosten von IP AntragsstellerInnen, deren Antrag akzeptiert wurde, von jene, deren Antrag abgelehnt wurde? Wie ist der zeitliche Verlauf der Gesundheitskosten vor und nach Einreichen eines IP Antrages? Welche Unterschiede existieren zwischen verschiedene Dimensionen der Gesundheitskosten (Arztbesuche, Heilmittel, Krankenhausaufenthalte)?

In Abbildung 23 gehen wir diesen Fragen nach. Die durchgezogene schwarze Linie weist die durchschnittlichen Kosten über alle AntragsstellerInnen aus. Für die Arztkosten (Panel (a)) und die Heilmittelkosten (Panel (b)) steigen die Gesundheitskosten im Jahr vor dem Antrag stark an, erreichen im Antragsquartal den Höhepunkt. Die Arztkosten gehen dann wieder auf das ursprüngliche Niveau (ein Jahr vor dem Antrag) zurück. Die Heilmittelkosten gehen nach der Antragsstellung auch zurück, verbleiben aber auf einem leicht höheren Niveau als 1 Jahr vor dem Antrag. Ein ähnliches Muster zeigt sich für die Krankenhauskosten (LDF Punkte, Panel (c)), jedoch fallen hier die höchsten Kosten schon vor dem Antrag an. Die uniforme und starke Zunahme der Gesundheitskosten für alle Kostenindikatoren im Jahr der Antragsstellung deutet auf substanzielle Gesundheitsprobleme bei Antragsstellung hin.

Interessant ist auch der Vergleich im Verlauf der Gesundheitskosten für angenommene Anträge (= graue Linie)[8] und abgelehnte Anträge (= rote Linie). AntragsstellerInnen, deren IP Antrag angenommen wird, verursachen bereits im Jahr vor der Antragsstellung deut-

7 Die Gesundheitsdaten beinhalten Abrechnungsdaten des Hauptverbandes zu Arztkosten, Heilmittelkosten und Krankenanstalten. Die Daten werden detaillierter im Appendix beschrieben. Wir haben die Arztkosten verfügbar für die Jahre 2014 bis 2017. Die Heilmittel- und Krankenanstaltendaten haben wir für die Jahre 2015 bis 2017.

8 Angenommene Anträge sind definiert als Anträge, die eine IP oder Rehageld zugesprochen bekommen.

lich höhere Gesundheitskosten als abgelehnte AntragsstellerInnen. Zudem verbleiben bei angenommenen - nicht jedoch bei abgelehnten - AntragsstellerInnen alle Kostenindikatoren auch zwei Jahre nach Antragsstellung auf einem höheren Niveau. AntragsstellerInnen, welche abgelehnt wurden und einen Folgeantrag stellen, verursachen höhere Gesundheitskosten als AntragsstellerInnen, welche keinen Folgeantrag stellen. (Dies zeigt ein Vergleich der durchgezogenen mit der strichlierten roten Linie). Die Höhe der Gesundheitskosten (sowie deren Dynamik vor und nach Antragsstellung) deuten darauf hin, dass der IP Entscheidungsprozess tatsächlich Personen mit überdurchschnittlichen Gesundheitsproblemen selektiert.

Abbildung 24 beleuchtet die angenommenen Anträge genauer. Abbildung 24 vergleicht AntragsstellerInnen, welche eine IP zugesprochen bekommen, mit Personen, welche Rehageld erhalten. IP BezieherInnen haben überdurchschnittliche Gesundheitskosten. Lediglich Rehageld BezieherInnen, welche sich in einer medizinischen Maßnahme befinden, haben höhere Arztkosten. Rehageld BezieherInnen, die keine medizinische Maßnahme in Anspruch nehmen, verursachen die geringsten Gesundheitskosten. In Abbildung 25 werden schließlich die Gesundheitskosten nach der Krankheitsursache unterschieden. Psychische Probleme und Muskel-Skelett Erkrankungen, welche ein großer Teil der IP BezieherInnen als Ursache für einen IP Antrag geltend machen, führen zum Teil zu deutlich geringeren Gesundheitskosten als die übrigen Krankheitsbilder der IP AntragsstellerInnen (eine sehr heterogene Gruppe, welche auch schwere Gesundheitsprobleme wie Krebserkrankungen inkludiert).

Ein Vergleich der Gesundheitskosten von AntragsstellerInnen vor und nach der IP Neu ist schwierig, da wir nur einen sehr kurzen Beobachtungszeitraum haben. In Abbildung 26 haben wir die Gesundheitskosten von Individuen, die 2013 (vor IP Neu) und 2014 (nach IP Neu) einen Antrag gestellt haben, für das verfügbare Zeitfenster aufgezeichnet. Für die kurzen überlappenden Zeiträume zeigen sich keine großen Unterschiede in den Gesundheitskosten.

Abbildungen 23-26 basieren auf einem „unbalanced panel". D.h. Personen, welche zum Datenpunkt -4 beitragen (4 Quartale vor Antragsstellung), sind nicht unbedingt im Datenpunkt +8 inkludiert, da Personen maximal drei Jahre beobachtet werden. Das bedeutet, dass sich die Zusammensetzung der Personen mit der Zeit vor/seit Antragsstellung verändert und den Vergleich über Zeit auch durch Heterogenität über die Zeit erklärbar ist. Abbildung 50 im Appendix verwendet nur Personen, welche über den gesamten Zeitraum beobachtet werden können. Wir sehen keine wesentlichen Unterschiede zwischen den Antragskohorten, was darauf hindeutet, dass die in den Abbildungen 23-25 gezeigte Dynamik nicht wesentlich von Heterogenität kontaminiert ist. Die Abbildungen 51-54 im Appendix weisen zudem den Median der Gesundheitskosten aus und zeichnen ein qualitativ gleiches Bild wie die Durchschnittskosten.

Abbildung 23: Gesundheitsausgaben: unter 50-Jährige

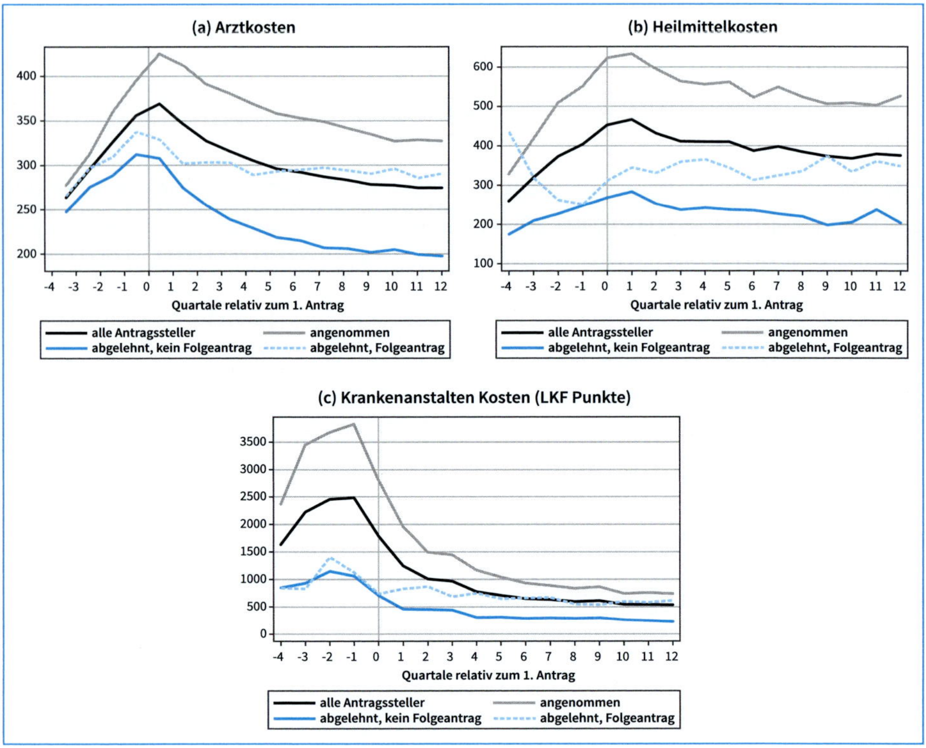

Abbildung 24: Gesundheitsausgaben: unter 50-Jährige, IP vs. Rehageld mit und ohne Maßnahme

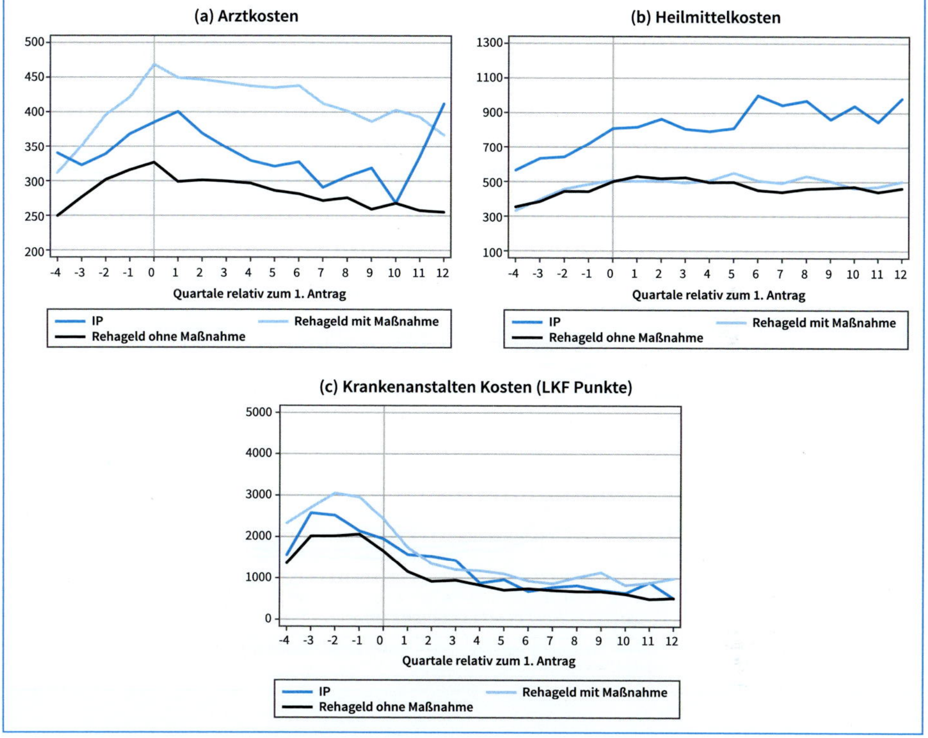

Bemerkung: Der Ausreißer der Arztkosten in Panel (a) in der IP Gruppe in Quartal 12 lässt sich dadurch erklären, dass wir in dieser Gruppe bei 12 Quartalen nach Antrag nur 137 Personen haben. Dies macht die durchschnittlichen Kosten sensitiv bezüglich einzelner Ausreißer. Die anderen Gruppen und Quartale basieren jeweils auf über 1000 Beobachtungen.

Abbildung 25: Gesundheitsausgaben: unter 50-Jährige nach Krankheitsgrund

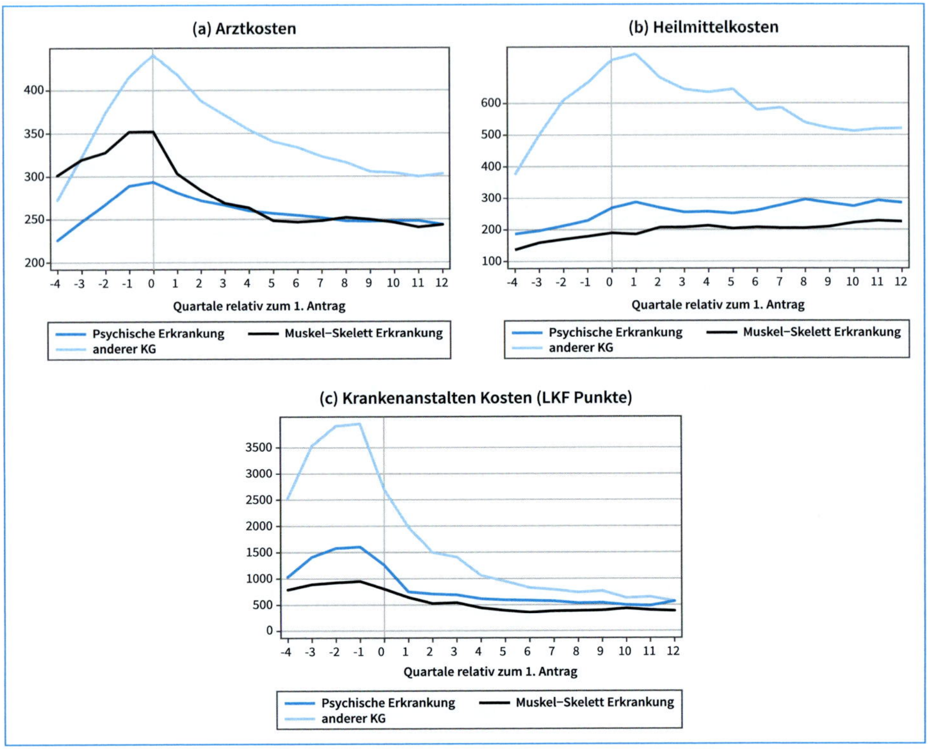

Abbildung 26: Gesundheitsausgaben: unter 50-Jährige, Antrag in 2013 vs. 2014

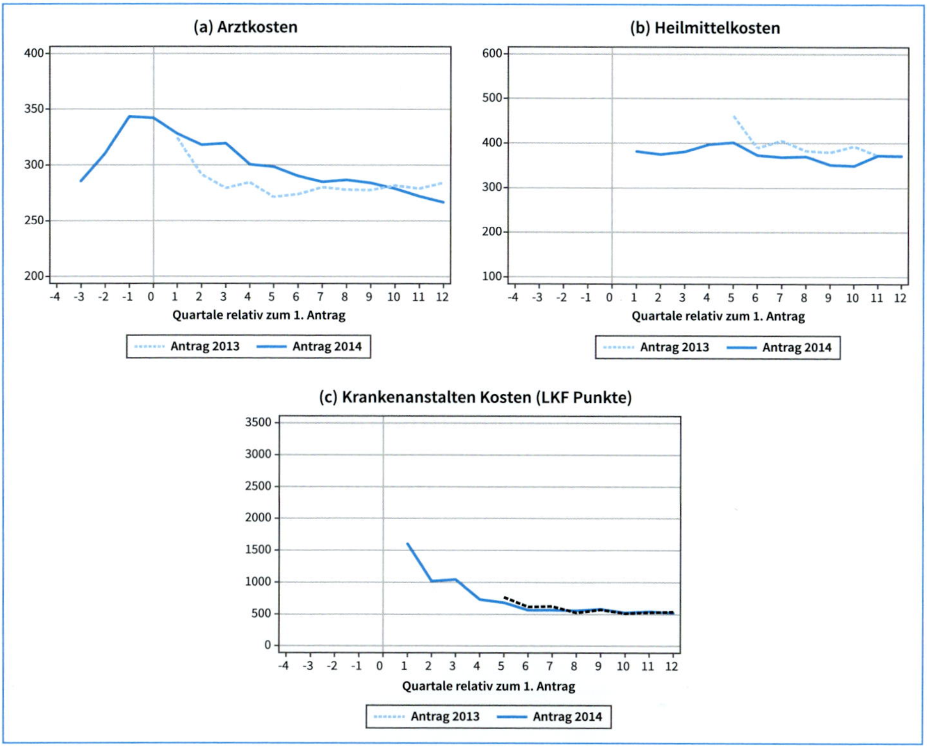

5 IP NEU: KAUSALE ARBEITSMARKTEFFEKTE

Dieses Kapitel quantifiziert die kausalen Arbeitsmarkteffekte von IP Neu mithilfe von statistischen Modellen. Im Zentrum des Interesses sind die Wirkungen von IP Neu auf den Zugang in eine Invaliditätspension, den Zugang in Rehabilitationsgeld, das Antragsverhalten, die Beschäftigung, die Arbeitslosigkeit und den Krankengeldbezug. Ziel der kausalen Analyse ist es, den Effekt eines Treatments (hier die Einführung von IP Neu) auf die Ergebnisvariable (z.B. Beschäftigung) zu messen. Die Schwierigkeit bei dieser Analyse besteht darin, dass eine Person nicht gleichzeitig in einer Situation ohne IP Neu und einer Situation mit IP Neu beobachtet werden kann. Als Lösung dieses Problems bietet sich ein Kontrollgruppenansatz an. In diesem Verfahren vergleicht man eine Studiengruppe, die von der Einführung von IP Neu betroffen ist, mit einer Kontrollgruppe, die nicht von dieser Reform betroffen ist, aber sonst in allen anderen Charakteristika mit der Studiengruppe vergleichbar ist.

Um den kausalen Arbeitsmarkteffekte von IP Neu zu messen, bieten sich grundsätzlich verschiedene Studien- und Kontrollgruppen an und es gibt keinen Ansatz, der klar zu favorisieren ist. Wir beleuchten die möglichen Arbeitsmarkteffekte von IP Neu daher aus dem Blickwinkel mehrerer statistischer Modelle mit unterschiedlichen Studien- und Kontrollgruppen. Konkret präsentieren wir Resultate für drei verschiedene Ansätze:

» Vorher-Nachher-Vergleich für die Gesamtbevölkerung
» Differenz-von-Differenzen Analyse für AntragsstellerInnen
» Regressionsdiskontinuitäts-Ansatz für die Gesamtbevölkerung und AntragsstellerInnen

Der Vorher-Nachher-Vergleich vergleicht die Ergebnisvariable in der Studiengruppe vor und nach Einführung des Treatments, hier IP Neu. Dieser Ansatz misst den kausalen Effekt des Treatments unter der strikten Annahme, dass es vor und nach der Einführung keine zeitbezogenen Effekte gibt, wie zum Beispiel Veränderungen in der Konjunkturlage. Diese Annahme ist in der Realität häufig nicht erfüllt, was zu verzerrten Messergebnissen führt.

Der Differenz-in-Differenzen Ansatz vergleicht die Veränderung in der Ergebnisvariable in der Studiengruppe vor und nach der Einführung eines Treatments mit der Veränderung in der Ergebnisvariable in der Kontrollgruppe vor und nach der Einführung eines Treatments. Der Vorteil dieses Ansatzes ist die Möglichkeit für zeitbezogene Effekte zu kontrollieren unter der Annahme, dass diese Effekte die Ergebnisvariable in der Studien- und Kontrollgruppe gleich beeinflussen. Diese Annahme ist weniger restriktiv und in der Realität eher erfüllt als jene für den Vorher-Nachher-Vergleich.

Beim Regressionsdiskontinuitäts-Ansatz verwendet man eine Diskontinuität in der Treatment Wahrscheinlichkeit in Abhängigkeit einer beobachtbaren Variable. Im Fall von IP Neu sind nur Personen betroffen, die im Jänner 1964 oder später geboren sind, während jene, die vor Jänner 1964 geboren sind, nicht von IP betroffen sind. Dies bedeutet, dass man den kausalen Effekt von IP Neu aus der Differenz zwischen der Ergebnisvariable unmittelbar vor und unmittelbar nach der Schwelle (hier das Geburtsdatum Jänner 1964), an der sich die Treatment Wahrscheinlichkeit diskontinuierlich ändert, abschätzen kann. Die zentrale Annahme bei diesem Ansatz ist, dass alle anderen beobachtbaren Faktoren außer dem Treatment und alle nicht beobachtbaren Einflussfaktoren (etwa der durchschnittliche Gesundheitszustand) an der Treatment-Schwelle keine Diskontinuität aufweisen. Diese Annahme ist in vielen Anwendungen plausibel.

5.1 Vorher-Nachher-Vergleich für die Gesamtbevölkerung

5.1.1 Statistisches Modell

Wie erwähnt, betrifft IP Neu potenziell alle Personen, die am 1. Jänner 2014 das 50. Lebensjahr noch nicht vollendet haben (Geburtskohorten 1964 und jünger). Wir unterteilen die potenziell von IP betroffene Bevölkerung (d.h. alle Personen im Alter zwischen 20 und 50 Jahren) in drei Subgruppen und analysieren die Auswirkungen von IP Neu für jede Subgruppe getrennt. Die Einteilung der Personen in Subgruppen erfolgt in Abhängigkeit ihres Alters am 1. Jänner 2014: (1) Alter 40-49 (Geburtskohorten 1964-1973), (2) Alter 30-39 (Geburtskohorten 1974-1983), und (3) Alter 20-29 (Geburtskohorten 1984-1993). Die Unterteilung in verschiedene Altersgruppen erlaubt eine Abschätzung, ob die Effekte von IP Neu auf jüngere und ältere Bevölkerungsgruppen unterschiedlich sind.

Als statistisches Modell bietet sich ein Vorher-Nachher-Vergleich an. Bei diesem Ansatz vergleicht man die Ergebnisvariable in der Studiengruppe vor und nach einer Einführung einer Maßnahme. Die Studiengruppe stellt somit ihre eigene Kontrollgruppe. Wie erwähnt, ist ein Nachteil dieses Ansatzes, dass im Zeitraum vor und nach der Einführung einer Maßnahme verschiedene zeitbezogene Effekte auftreten können, welche die Ergebnisvariable unabhängig von der Maßnahme beeinflussen und die Messergebnisse verzerren. Ein naheliegendes Beispiel eines solchen zeitbezogenen Effektes ist eine Verschlechterung der Konjunkturlage.

Der Vorher-Nachher-Vergleich lässt sich mit folgender Regressionsgleichung statistisch messen:

$$Y_{it} = \alpha + \beta * D(Jahr \geq 2014)_t + \sum_{j \in J} \gamma_j \lambda_{ji} + \delta * Jahr + \epsilon_{it} \qquad (1)$$

Die Variable ***D(Jahr≥2014)*** ist 1, falls der Beobachtungszeitpunkt t nach 2013 liegt und 0 andernfalls. Diese Variable misst den Effekt von IP Neu - sowie von zeitbezogenen Effekten, falls solche auftreten - auf die Ergebnisvariable. Der Koeffizient β misst somit die Veränderung in der Ergebnisvariable Y_{it} in der Periode nach 2013 relativ zu vorher. Die Variable λ_{ji} ist 1, falls eine Person ***i*** im Jahr ***j*** geboren wurde und 0 andernfalls (***J*** sind alle Geburtskohorten, die in der Schätzgleichung berücksichtigt sind). Diese Variable misst den Kohorteneffekt. In diesem Effekt kommt etwa ein sich über die Geburtskohorten verbessernder Gesundheitszustand zum Ausdruck. Zudem kontrollieren wir für einen linearen Zeittrend mit der Variable ***Jahr***, δ misst also Zeittrends, die schon vor der IP Neu da waren (beispielsweise die Zunahme der Arbeitsmarktpartizipation von Frauen). Als Beobachtungsfenster beschränken wir uns auf die Jahre 2010 bis 2017. Somit haben wir vier Beobachtungsjahre nach Einführung von IP Neu (2014 bis 2017) und vier Beobachtungsjahre davor (2010 bis 2013).

5.1.2 Resultate

Die Resultate der statistischen Analyse zeigen einen leichten Rückgang bei den Anträgen auf eine Invaliditätspension um 0.20 Prozentpunkte bei Personen, die am 1. Jänner 2014 zwischen 40 und 49 Jahre alt sind (vgl. Panel A, Tabelle 9). Um einen relativen Effekt zu erhalten, kann diese Größe mit dem Durchschnitt vor IP Neu in Beziehung gesetzt werden. Der so gemessene Rückgang bei den IP-Anträgen beträgt 16 Prozent. Der Rückgang ist noch geringer bei 30-39-Jährigen (-0.06 Prozentpunkte bzw. 14 Prozent) und bei 20-29-Jährigen (-0.01 Prozentpunkte bzw. 6 Prozent). Panel B in Tabelle 9 zeigt, dass der Anteil der Personen mit einem IP-Bezug nach der Einführung von IP Neu ebenfalls gesunken ist. Bei Personen, die im Jänner 2014 zwischen 40 und 49 Jahre alt sind, ist der Bezug einer IP um 0.52 Prozentpunkte gesunken. Der Rückgang ist etwas geringer bei 30-39-Jährigen (-0.23 Prozentpunkte) und bei 20-29-Jährigen (-0.07 Prozentpunkte).

Die Gruppe von Personen, die eine IP bezieht, kann unterteilt werden in Personen, die eine befristete bzw. unbefristete IP beziehen. Getrennte Regressionen für diese beiden Unterkategorien zeigen, dass IP Neu zu einem Rückgang im Bezug einer befristeten IP geführt hat (vgl. Panel C, Tabelle 9). Gleichzeitig ist der Bezug einer unbefristeten IP ebenfalls leicht gesunken (vgl. Panel D, Tabelle 9). Es ist also nicht der Fall, dass als Konsequenz von IP Neu viel mehr unbefristete Invaliditätspensionen zugesprochen werden.

Panel E in Tabelle 9 zeigt, dass der Anteil der Personen, die Rehageld beziehen, in allen Altersgruppen gestiegen ist.[9] Der Anstieg im Bezug von Rehageld ist quantitativ etwa

9 Da nur wenige Personen Umschulungsgeld beziehen, ist eine getrennte Betrachtung dieser Ergebnisvariable hier nicht möglich. Wir analysieren die Effekte von IP Neu auf Umschulungsgeld im nächsten Kapitel, welches Personen mit einem Pensionsantrag getrennt betrachtet.

gleich groß wie der Rückgang im Bezug von IP. Dies bedeutet, dass fast alle Personen, die Rehageld beziehen, ohne die IP Neu Reform eine IP bezogen hätten.

Tabelle 9: Auswirkungen von IP Neu auf (i) die Antragswahrscheinlichkeit, (ii) Bezug einer Invaliditätspension und (iii) Rehageldbezug

Alter Jänner 2014	40-49	30-39	20-29
A. Wahrscheinlichkeit eines Antrags			
Nach IP Neu	-0.20***	-0.06***	-0.01**
Durchschnitt vor IP Neu	1.27	0.43	0.17
B. Bezug IPV			
Nach IP Neu	-0.52***	-0.23***	-0.07***
Durchschnitt vor IP Neu	2.85	0.96	0.21
C. Bezug IP befristet			
Nach IP Neu	-0.35***	-0.16***	-0.05***
Durchschnitt vor IP Neu	1.71	0.69	0.18
D. Bezug IP unbefristet			
Nach IP Neu	-0.16***	-0.06***	-0.02***
Durchschnitt vor IP Neu	1.12	0.26	0.03
E. Bezug Rehageld			
Unter IP Neu	0.49***	0.20***	0.05***
Durchschnitt vor IP Neu	0.00	0.00	0.00

Bemerkungen: Der Beobachtungszeitraum ist 2010-2017. Die Analyse beschränkt sich auf folgende Geburtskohorten: (i) 1964-1973 in Spalte 2, (ii) 1974-1983 in Spalte 3, und (iii) 1984-1993 in Spalte 4.

Wir untersuchen als Nächstes die Auswirkungen von IP Neu auf andere Zustände. Panel A in Tabelle 10 zeigt, dass die Beschäftigung bei den 40-49-Jährigen und bei den 30-39-Jährigen um etwas weniger als einen Prozentpunkt gesunken ist, während die Beschäftigungsquote bei den 20-29-Jährigen um 0.86 Prozentpunkt angestiegen ist. Gleichzeitig ist es in allen Altersgruppen zu einem Anstieg in der Arbeitslosenquote um etwas mehr als einen Prozentpunkt gekommen (vgl. Panel B, Tabelle 10). Ebenfalls ist ein geringfügiger Anstieg im Bezug von Krankengeld zu beobachten (vgl. Panel C, Tabelle

10). Panel D in Tabelle 10 zeigt jedoch, dass der Anteil der Personen in sonstigen oder unbekannten Zuständen gesunken ist. Quantitativ heben sich der Rückgang in sonstigen und unbekannten Zuständen und der Anstieg bei Beschäftigung, Arbeitslosigkeit und Krankengeldbezug in etwa auf. Dies bedeutet, die Effekte in Beschäftigung, Arbeitslosigkeit und Krankengeld sind vermutlich nicht von IP Neu getrieben.

Tabelle 10: Auswirkungen von IP Neu auf (i) Beschäftigung, (ii) Arbeitslosigkeit, (iii) Krankengeld und (iv) sonstige/unbekannte Zustände

Alter Jänner 2014	40-49	30-39	20-29
A. Beschäftigung			
Nach IP Neu	-0.87***	-0.98***	0.86***
Durchschnitt vor IP Neu 78.34	70.98	60.80	
B. Arbeitslosigkeit			
Nach IP Neu	1.38***	1.39***	1.69***
Durchschnitt vor IP Neu 7.23	7.24	7.98	
C. Krankengeld			
Nach IP Neu	0.12***	0.08***	0.11***
Durchschnitt vor IP Neu 1.13	0.75	0.55	
D. Sonstiges/Unbekannt			
Nach IP Neu	-0.51***	-0.33***	-2.75***
Durchschnitt vor IP Neu	8.35	17.42	25.08

Bemerkungen: Der Beobachtungszeitraum ist 2010-2017. Die Analyse beschränkt sich auf folgende Geburtskohorten: (i) 1964-1973 in Spalte 2, (ii) 1974-1983 in Spalte 3, und (iii) 1984-1993 in Spalte 4.

5.2 Differenz-von-Differenzen Analyse für AntragsstellerInnen

In Kapitel 5.1 wurde gezeigt, dass die Einführung von IP Neu in den untersuchten Altersgruppen bis anhin relativ geringe Effekte gehabt hat. Dabei ist jedoch zu beachten, dass sich die Effekte auf Personen konzentrieren, die eine IP bzw. Rehageld beantragen. Da diese Personen nur einen kleinen Teil der Gesamtbevölkerung ausmachen, sind die

Effekte in der Gesamtbevölkerung quantitativ eher klein und statistisch schwer messbar. Deshalb beleuchten wir in diesem Kapitel die Effekte von IP Neu auf Personen, die IP bzw. Rehageld beantragen.

5.2.1 Statistisches Modell

Um den kausalen Effekt von IP Neu auf die AntragsstellerInnen abzuschätzen, müssen wir in einem ersten Schritt die Studien- und die Kontrollgruppe definieren. Die Studiengruppe für diese Analyse sind alle Personen mit einem Antrag auf IP bzw. Rehageld, die am 1. Jänner 2014 jünger als 50 Jahre alt waren (d. h. Personen, die nach dem 1.1.1964 geboren wurden). Die Kontrollgruppe sind Personen mit einem Antrag auf IP bzw. Rehageld, die zwischen 1958 und 1963 geboren wurden. Diese Personen waren am 1. Jänner 2014 älter als 50 Jahre und somit nicht von IP Neu betroffen.[10]

Der Veränderung in der Ergebnisvariable zwischen der Studien- und der Kontrollgruppe über die Zeit lässt sich mit folgender Differenz-von-Differenzen Regressionsgleichung statistisch messen:

$$Y_{it} = \alpha + \beta * jung_i * D(Antragsjahr \geq 2014)_t + \gamma * jung_i + \delta * D(Antragsjahr \geq 2014)_t + \epsilon_{it} \quad (2)$$

Die Variable ***jung*** ist eine Dummy-Variable, die anzeigt, ob eine Person nach 1963 geboren wurde oder nicht. Diese Variable misst den Kohorteneffekt. Die Variable ***D(Antragsjahr≥2014)*** ist 1, falls ein Antrag nach 2013 gestellt wurde - also nach der Einführung von IP Neu - und 0 andernfalls. Diese Variable misst den Zeiteffekt, welcher die Studien- und Kontrollgruppe im gleichen Ausmaß betrifft. Der Koeffizient β misst die Veränderung in der Ergebnisvariable Y_{it} nach Einführung von IP Neu (d.h. das Antrags-

10 Eine weitere mögliche Kontrollgruppe sind Personen, die am 1. Jänner 2014 jünger als 50 Jahre alt waren, im Zeitraum vor Einführung von IP Neu. In diesem Fall sind die Personen in der Studien- und Kontrollgruppe identisch und der Vergleich ist über die Zeit, vor und nach der Einführung von IP Neu. Die Resultate mit dieser Gruppe als Kontrollgruppe sind jedoch sehr ähnlich.

jahr ist nach 2013) relativ zu vorher von AntragsstellerInnen in der Studiengruppe relativ zu AntragsstellerInnen in der Kontrollgruppe.

Für die Analyse beschränken wir uns auf Anträge, die zwischen 2010 bis 2017 gestellt wurden.[11] Die Anträge ab 2014 wurden auf den gesetzlichen Grundlagen von IP Neu beurteilt, während die Anträge vor 2014 nach den alten Regeln vor IP Neu begutachtet wurden. Für jeden Antrag betrachten wir ein Zeitfenster von 24 Monaten vor und 36 Monaten nach dem Antragsmonat. Dieses Beobachtungsfenster ermöglicht eine detaillierte Analyse, wie sich die Ergebnisvariable in den Monaten vor und nach dem Antrag entwickelt. Zu diesem Zweck schätzen wir die Regressionsgleichung (2) für jeden Beobachtungsmonat einzeln und erhalten so insgesamt 61 β-Koeffizienten.

5.2.2 Resultate

Abbildung 27 zeigt die geschätzten ß-Koeffizienten von Regressionsgleichung (2) für jeden einzelnen Beobachtungsmonat (durchgezogene Linie). Die gestrichelten Linien illustrieren die Unter- und Obergrenze des 95-Prozent-Konfidenzintervalls. Es ist ersichtlich, dass IP Neu zu einer deutlichen Reduktion des Bezugs einer IP geführt hat. Im ersten Monat nach dem Antrag ist die Wahrscheinlichkeit eines IP-Bezugs um beinahe 30 Prozentpunkt tiefer für Personen in der Studiengruppe relativ zu Personen in der Kontrollgruppe. Der Rückgang steigt leicht an mit der Zeit seit dem Antrag und beträgt in etwa 40 Prozentpunkte 12 Monate nach dem Antrag. Das Spiegelbild des Rückgangs im IP-Bezug ist ein Anstieg des Rehageldbezugs. In den Monaten nach der Antragsstellung ist Rehageldbezug um bis zu 40 Prozentpunkte höher bei Personen, welche von IP Neu betroffen sind, relativ zu Personen, die es nicht sind. 4 Jahre nach Antragsstellung sind die Unterschiede allerdings fast komplett verschwunden. Die IP Neu scheint also

11 In den Abbildungen 55 und 56 im Appendix machen wir die Analyse auch für die einzelnen Jahre 2014, 2015 und 2016 mit den Kontrolljahren 2011 und 2013. Es zeigt sich, dass die Ergebnisse sehr ähnlich sind für die einzelnen Jahre wie für die im Hauptteil gezeigten Resultate, bei denen alle Anträge vor und nach IP Neu zusammengenommen werden.

nicht dazu zu führen, dass langfristig weniger unbefristete IP Pensionen bezogen werden. Demgegenüber hat IP Neu nur geringfügige Effekte auf den Anteil an AntragsstellerInnen, die Umschulungsgeld beziehen oder sich in sonstigen Zuständen befinden.

Abbildung 27: Effekt von IP Neu auf (i) IP-Bezug, (ii) Rehageld, (iii) Umschulungsgeld und (iv) sonstige Zustände

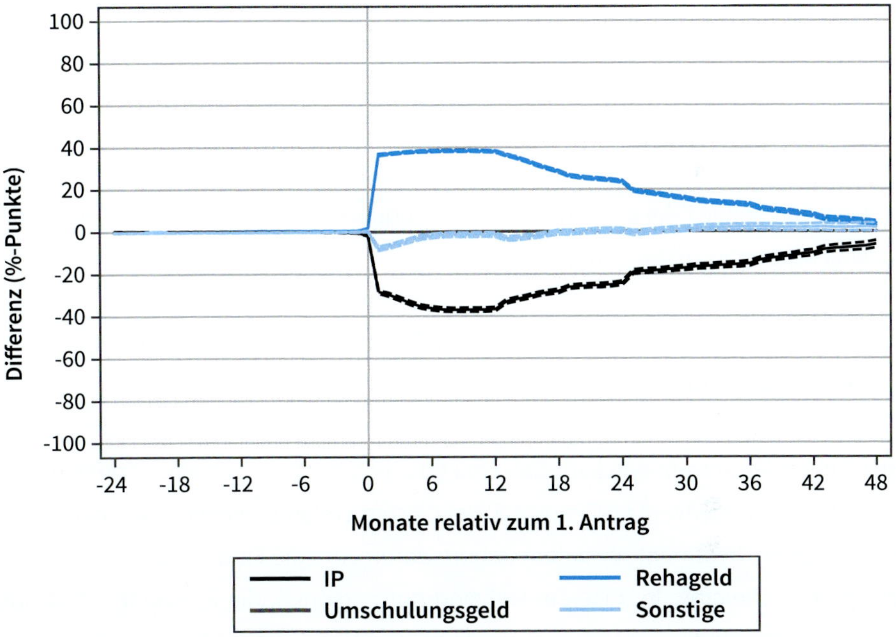

Bemerkungen: Die Analyse beschränkt sich auf Anträge, die von Personen mit Jahrgang 1958-1993 in den Jahren 2010-2017 gestellt wurden.

Die sonstigen Zustände können in die Unterkategorien Beschäftigung, Arbeitslosigkeit, Krankengeldbezug und sonstige/unbekannte Zustände aufgeteilt werden. Getrennte Schätzungen für jede Unterkategorie zeigen, dass IP Neu keinen signifikanten Effekt auf die Beschäftigungsquote in den Monaten unmittelbar nach dem Antrag hat (vgl. Panel (a) von Abbildung 28). In der längeren Frist, d.h. ein bis vier Jahre nach dem Antrag, lässt sich allerdings ein leichter Anstieg in der Beschäftigungsquote von etwa 4 Prozentpunkten feststellen. Interessanterweise ist nach Einführung von IP Neu die Beschäftigungsquote in den Monaten vor dem Antrag bei den unter 50-Jährigen leicht niedriger verglichen mit über 50-Jährigen. Dies reflektiert, dass sich unter IP Neu eher Personen mit geringerer Beschäftigungserfahrung anmelden.

Das Spiegelbild des Rückgangs der Beschäftigungsquote vor dem Antrag ist ein Anstieg des Krankengeldbezugs. Wie in Panel (b) von Abbildung 28 ersichtlich, ist mit IP Neu der Krankengeldbezug unmittelbar vor dem Antrag bei unter 50-Jährigen um bis zu 8 Prozentpunkte höher verglichen zu über 50-Jährigen. Diese Differenz verschwindet aber in den Monaten nach dem Antrag. Panel (c) und (d) von Abbildung 28 zeigen, dass IP Neu sehr geringe Effekte auf die Arbeitslosenquote oder den Anteil von Personen in sonstigen/übrigen Zuständen gehabt hat.

5.3 Regressionsdiskontinuitäts-Ansatz für die Gesamtbevölkerung und AntragsstellerInnen

Ein weiterer Ansatz, um den kausalen Effekt der IP Neu abzuschätzen, ist der Regressionsdiskontinuitäts-Ansatz (RD-Ansatz). Bei diesem Verfahren verwendet man die Diskontinuität im Treatment nach dem Geburtsdatum, um die Studien- und die Kontrollgruppe zu definieren. In unserem Fall sind nur Personen, die im Jänner 1964 oder später geboren sind, von IP Neu betroffen, während jene, die vor Jänner 1964 geboren sind, nicht von IP Neu betroffen sind. Zu diesem Zweck verwendet man die Differenz zwischen der Ergebnisvariable unmittelbar vor und unmittelbar nach der Schwelle (hier das Geburtsdatum Jänner 1964), an der sich das Treatment diskontinuierlich ändert, um den Effekt des Treatments (IP Neu) abzuschätzen.

Der Vorteil des RD-Modells im Vergleich zu den vorherigen Modellen ist die transparente Illustration des Treatment-Effekts. Anhand einer Grafik lässt sich auf einfache Weise prüfen, ob die Ergebnisvariable eine Diskontinuität an der Treatment-Schwelle aufweist. Findet man keine Diskontinuität, hat das Treatment mit großer Wahrscheinlichkeit keinen Effekt auf die Ergebnisvariable. Der Nachteil dieses Ansatzes ist die limitierte Verallgemeinerbarkeit des gemessenen Effekts. Der geschätzte Treatment-Effekt gilt nur für die Personen, die sich unmittelbar links und rechts der Treatment-Schwelle befinden. In unserem Fall sind dies Personen, die kurz vor und nach Jänner 1964 geboren sind und somit bei Inkrafttreten von IP Neu bereits 50 Jahre alt waren. Es ist sehr wahrscheinlich, dass der Treatment-Effekt für jüngere Personen unterschiedlich ist. Diesen Effekt können wir jedoch mit unserem RD-Ansatz nicht messen.

5.3.1 Statistisches Modell

Die zentrale Annahme beim RD-Ansatz ist, dass sich alle anderen beobachtbaren Faktoren außer dem Treatment und alle nicht beobachtbaren Einflussfaktoren (etwa der durchschnittliche Gesundheitszustand) kontinuierlich ändern und insbesondere an der Treatment-Schwelle keine Diskontinuität aufweisen. Unter dieser Annahme entspricht der kausale Effekt des Treatments auf die Ergebnisvariable der Differenz zwischen der Ergebnisvariable unmittelbar vor und unmittelbar nach der Treatment Schwelle.

Abbildung 28: Effekt von IP Neu auf (i) Beschäftigung, (ii) Krankengeldbezug, (iii) Arbeitslosigkeit und (iv) sonstige/übrige Zustände

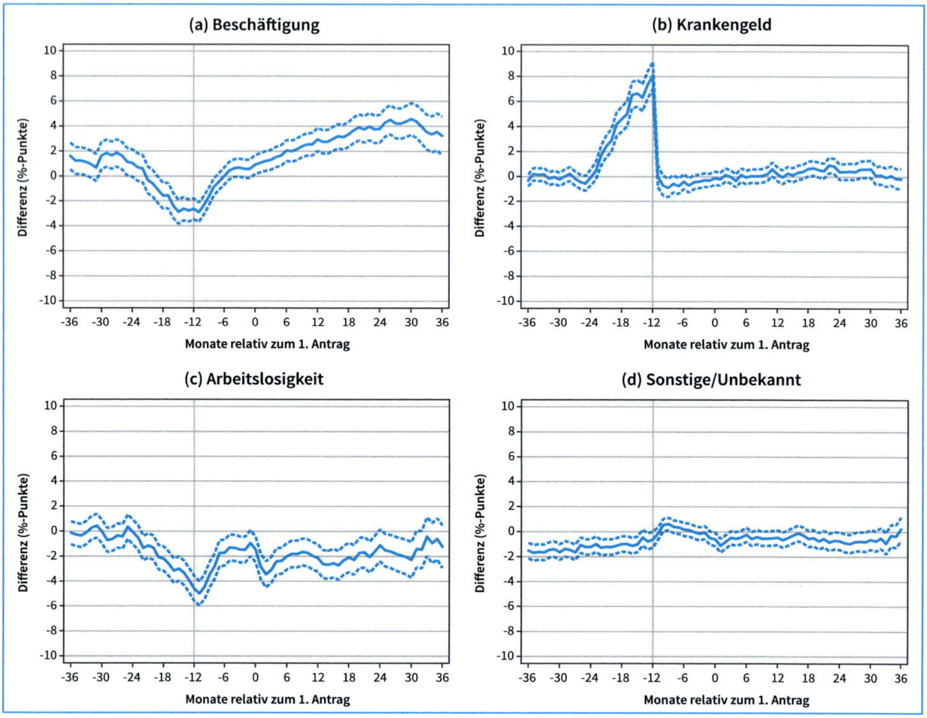

Bemerkungen: Die Analyse beschränkt sich auf Anträge, die von Personen mit Jahrgang 1958-1993 in den Jahren 2010-2017 gestellt wurden. Diese Abbildung zeigt die geschätzten β-Koeffizienten von Regressionsgleichung (2) für jeden einzelnen Beobachtungsmonat (durchgezogene Linie). Die gestrichelten Linien illustrieren die Unter- und Obergrenze des 95-Prozent-Konfidenzintervalls.

Der RD-Ansatz kann mit folgender Regressionsgleichung statistisch geschätzt werden:

$$\begin{aligned} Y_{it} = {} & \alpha + \gamma * D(Geburtsdatum \geq 01/1964)_i + \delta_0 * Geburtsdatum_i \\ & + \delta_1 * Geburtsdatum_i^2 + \delta_2 * Geburtsdatum_i * D(Geburtsdatum \geq 01/1964)_i \\ & + \delta_3 * Geburtsdatum_i^2 * D(Geburtsdatum \geq 01/1964)_i + \epsilon_{it} \end{aligned} \quad (3)$$

Die Variable $D(Geburtsdatum \geq 01/1964)_i$ ist eine Dummy-Variable, die anzeigt, ob die beobachtete Person im Jänner 1964 oder später geboren ist. Diese Variable misst den diskontinuierlichen Effekt des Geburtsdatums. Die Variablen $\boldsymbol{Geburtsdatum_i}$ und $\boldsymbol{Geburtsdatum_i^2}$ messen den Einfluss des Geburtsdatums (in Monaten) und bilden den kontinuierlichen Effekt des Geburtsdatums ab. In diesen Variablen kommt etwa eine – im Durchschnitt über die gesamte Population – steigende Arbeitsmarktpartizipation zum Ausdruck. Wir nehmen weiter an, dass dieser Effekt quadratisch ist und sich am Geburtsdatum Jänner 1964 ändert. Der Koeffizient γ misst den Unterschied in der Ergebnisvariable Y_{it} von Personen, die im Jänner 1964 oder danach geboren wurden, relativ zu Personen, die gerade vor diesem Geburtsdatum geboren wurden.

5.3.2 Arbeitsmarkteffekte für die Bevölkerung

In diesem Teilabschnitt untersuchen wir die Arbeitsmarkteffekte von IP Neu für Personen, die vor und nach Jänner 1964 geboren wurden. Zu diesem Zweck stellen wir zuerst das Profil von Zugang in IP, Zugang in Rehabilitationsgeld, Beschäftigung, Krankengeldbezug, Arbeitslosigkeit und sonstigen/unbekannten Zuständen als Funktion des Geburtsdatums dar. Insbesondere wollen wir untersuchen, ob und wie stark sich IP Neu auf diese Profile auswirkt. Ein Effekt von IP Neu sollte sich in einer Diskontinuität an der Treatment-Schwelle widerspiegeln.

Abbildung 29 beleuchtet die Frage, in welchem Ausmaß IP Neu den Zugang in IP und den Zugang in Rehabilitationsgeld in den Jahren 2014-2017 beeinflusst hat. Panel (a) zeigt, dass die IP Zugänge mit dem Geburtsdatum kontinuierlich abnehmen, wobei das Geburtsdatum relativ zu Jänner 1964 gemessen ist, sodass dem Referenzmonat 0 die Geburtskohorte Jänner 1964 entspricht. Dies reflektiert den Umstand, dass jüngere Personen mit geringerer Wahrscheinlichkeit eine IP beziehen als ältere Personen. Interessant ist jedoch der sprunghafte Rückgang im IP Zugang genau an der Treatment Schwelle, d.h. im Geburtsmonat 0.[12] Panel (b) zeigt, dass der sprunghafte Rückgang im

12 Abbildungen 57 und 58 im Appendix zeigen, dass diese Diskontinuität vor 2014 nicht vorhanden war und somit auf die Reform IP Neu zurückzuführen ist.

IP Zugang mit einer sprunghaften Zunahme im Bezug von Rehageld einhergeht. Dies weist darauf hin, dass IP Neu, wie intendiert, zu einer Substitution von IP Bezug hin zu Rehageldbezug beigetragen hat. Der Rückgang im IP Bezug kann durch zwei Effekte generiert werden: (i) Personen beziehen weniger befristete IP und (ii) Personen beziehen weniger unbefristete IP.

Abbildung 29: Effekt von IP Neu auf (i) IP, (ii) Rehageld (Jahre 2014-2017)

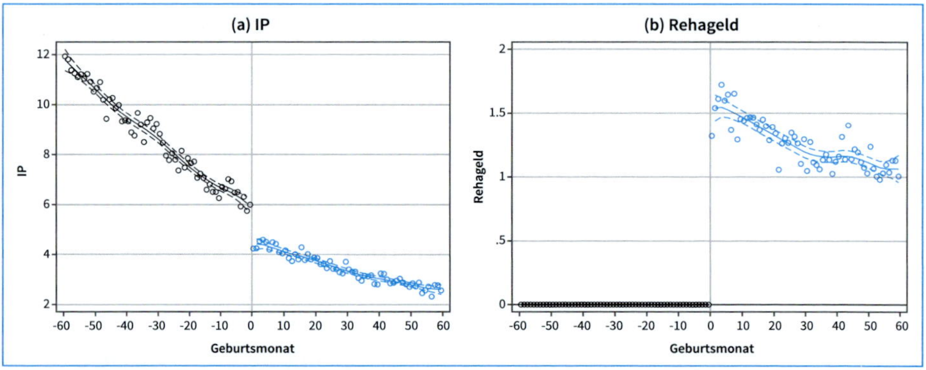

Bemerkung: Die Abbildung zeigt den Geburtsmonat relativ zu Jänner 1964 (normiert auf 0) auf der x-Achse. Die Punkte weisen jeweils die Durchschnitte pro Geburtsmonat aus, also beispielsweise der durchschnittliche IP Bezug innerhalb eines Geburtsmonats. Die IP Neu betrifft nur Individuen mit Geburtsmonat nach Jänner 1964. Geburtsmonate rechts von 0 sind also von der Reform IP Neu betroffen (Treatment Gruppe), Individuen links von 0 sind nicht von der Reform betroffen (Kontrollgruppe). Ein Sprung beim Geburtsmonat 0 deutet also darauf hin, dass die Reform IP Neu einen Effekt hat.

In Abbildung 30 sehen wir, dass der Rückgang im IP Bezug getrieben ist durch befristete IP Bezüge (Panel a). Unbefristete IP Bezuge hingegen weisen keine Diskontinuität an der Treatment Schwelle auf.

Mithilfe der Regressionsgleichung (3) können wir die in den Abbildungen 29 und 30 beobachteten Diskontinuitäten an der Treatment-Schwelle abschätzen und somit den quantitativen Effekt von IP Neu auf diese Ergebnisvariable messen. Tabelle 11 präsentiert den Koeffizienten γ - den diskontinuierlichen Effekt an der Treatment Schwelle - für verschiedene Ergebnisvariablen. Wie Panel A zeigt, nimmt die Wahrscheinlichkeit, einen

Antrag zu stellen, an der Treatment-Schwelle um 0.77 Prozentpunkte ab. Um einen relativen Effekt zu erhalten, kann dieser Effekt mit dem Durchschnitt vor IP Neu in Beziehung gesetzt werden. Der so gemessene Rückgang bei den IP-Anträgen beträgt 17.4 Prozent. Gleichzeitig sehen wir auch einen signifikanten Rückgang im IP Bezug von 1.50 Prozentpunkten (Panel B). Dieser Rückgang ist durch befristete IP Bezüge getrieben, welche um 1.35 Prozentpunkte sinken (Panel C), während unbefristete IP Bezüge im Wesentlichen unverändert sind (Panel D). Außerdem sehen wir einen Anstieg im Bezug von Rehageld im Ausmaß von 1.35 Prozentpunkten (Panel E).

Abbildung 30: Effekt von IP Neu auf (i) befristete IP, (ii) unbefristete (Jahre 2014-2017)

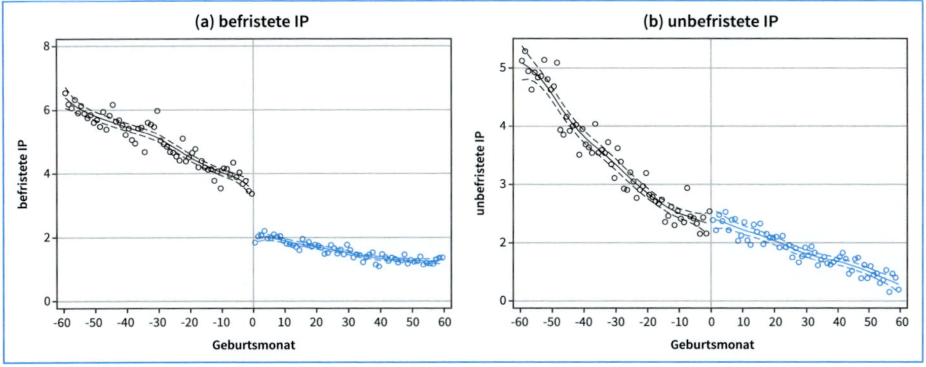

Tabelle 11: Auswirkungen von IP Neu auf (i) die Antragswahrscheinlichkeit, (ii) Bezug einer Invaliditätspension und (iii) Rehageldbezug

		VRD Schätzer
A.	**Wahrscheinlichkeit eines Antrags**	
	Nach IP Neu	-0.77**
	Durchschnitt vor IP Neu	4.42
B.	**Bezug IP**	
	Nach IP Neu	-1.50***
	Durchschnitt vor IP Neu	6.03
C.	**Bezug IP befristet**	
	Nach IP Neu	-1.35***
	Durchschnitt vor IP Neu	3.54
D.	**Bezug IP unbefristet**	
	Nach IP Neu	-0.07
	Durchschnitt vor IP Neu	2.38
E.	**Bezug Rehageld**	
	Unter IP Neu	1.35***
	Durchschnitt vor IP Neu	0.00

Abbildung 31 gibt Aufschluss über die Auswirkungen von IP Neu auf Beschäftigung, Krankengeldbezug, Arbeitslosigkeit und sonstige/unbekannte Zustände in den Jahren 2014-2017. In Panel (a) sehen wir eine kontinuierliche Zunahme der Beschäftigung mit dem Geburtsdatum. Im Referenzmonat 0 (= Geburtskohorte Jänner 1964) kommt es zu keiner sprunghaften Veränderung in der Beschäftigung. Dies deutet darauf hin, dass IP Neu keinen Beschäftigungseffekt hatte für Individuen, die im Jänner 1964 oder kurz danach geboren wurden. Panels (b) und (c) zeigen, dass IP Neu keinen Effekt auf den Krankengeldbezug oder Arbeitslosigkeit der Studiengruppe hatte.

Beide Ergebnisvariablen nehmen kontinuierlich mit dem Geburtsdatum ab, ohne jedoch eine Diskontinuität an der Treatment Schwelle aufzuweisen. Die sonstigen/übrigen

Zustände nehmen mit dem Geburtsdatum ab, und nach Referenzmonat 0 verflacht diese Kurve, ohne jedoch einen Sprung aufzuweisen.

Tabelle 12 präsentiert die korrespondierenden Schätzungen des Koeffizienten für die Ergebnisvariablen Beschäftigung, Arbeitslosigkeit, Krankengeldbezug und sonstige/ unbekannte Zustände. Konsistent mit den Profilen in Abbildung 31 finden wir keine statistisch signifikante Veränderung an der Treatment-Schwelle für diese Ergebnisvariablen.

Tabelle 12: Auswirkungen von IP Neu auf (i) Beschäftigung, (ii) Arbeitslosigkeit, (iii) Krankengeld und (iv) sonstige/unbekannte Zustände

RD Schätzer	
A. Beschäftigung	
Nach IP Neu	0.07
Durchschnitt vor IP Neu	74.64
B. Arbeitslosigkeit	
Nach IP Neu	-0.12
Durchschnitt vor IP Neu	8.27
C. Krankengeld	
Nach IP Neu	0.01
Durchschnitt vor IP Neu	1.57
D. Sonstiges/Unbekannt	
Nach IP Neu	-0.01
Durchschnitt vor IP Neu	7.92

Abbildung 31: Effekt von IP Neu auf (i) Beschäftigung, (ii) Krankengeldbezug, (iii) Arbeitslosigkeit und (iv) sonstige/übrige Zustände (Jahre 2014-2017)

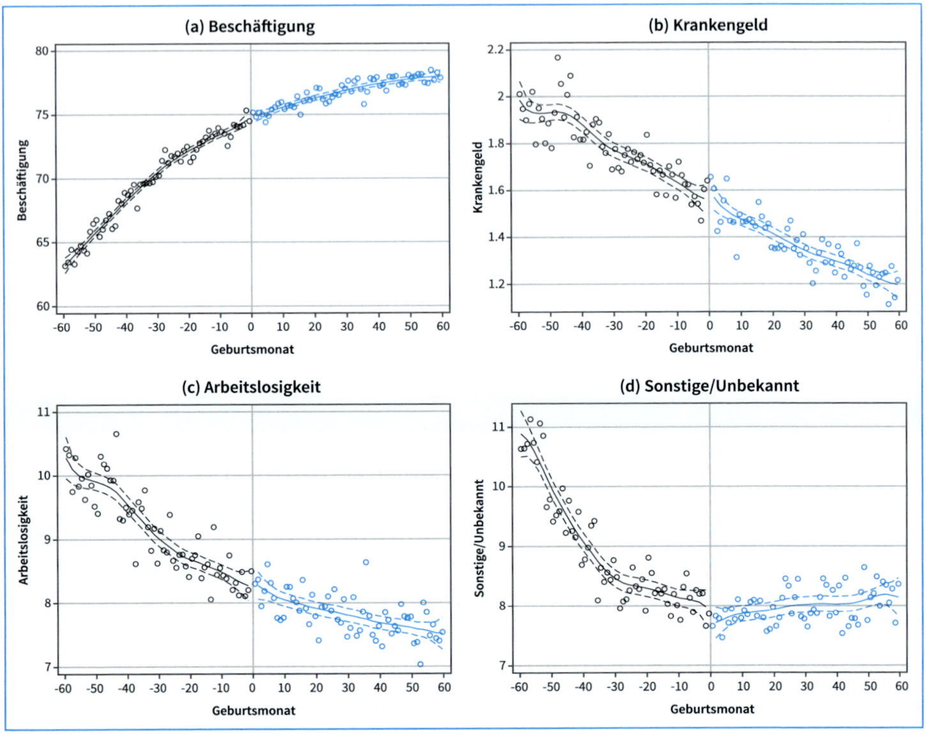

5.3.3 Arbeitsmarkteffekte für AntragsstellerInnen

In diesem Teilabschnitt untersuchen wir die Arbeitsmarkteffekte von IP Neu mithilfe des RD-Modells nur für AntragsstellerInnen. Diese Gruppe ist unmittelbar von IP Neu betroffen, und daher sollten hier die Arbeitsmarkteffekte, falls es solche gibt, am deutlichsten sichtbar sein.

Abbildung 32 zeigt das Profil von IP Zugängen und Rehageldbezug zwei Jahre nach einem Antrag in Abhängigkeit des Geburtsdatums. Berücksichtigt sind alle Personen, die zwischen 2014 oder 2015 einen Antrag auf IP bzw. Rehageld gestellt haben. Panel (a) zeigt einen sprunghaften Rückgang des IP Zugangs beim Referenzmonat 0 (= Geburtskohorte Jänner 1964) und jeweils eine flache Kurve links und rechts von der Treatment-Schwelle.[13] Weil wir uns hier auf die AntragsstellerInnen konzentrieren, ist das Ausmaß des Sprungs größer als bei der Gesamtbevölkerung.

Gleichzeitig sehen wir für AntragsstellerInnen, die im Jänner 1964 oder danach geboren sind, einen sprunghaften Anstieg im Bezug von Rehageld (Panel b) in etwa der gleichen Größenordnung wie der Rückgang im IP Zugang. Dies bedeutet, dass AntragsstellerInnen, welche ohne IP Neu eine IP zugesprochen erhalten hätten, unter IP Neu Rehageld beziehen. Wie in Abbildung 33 dargestellt, ist der Rückgang im IP Zugang durch eine Reduktion im Bezug von befristeter IP erklärbar. Im Gegensatz dazu sehen wir an der Treatment-Schwelle einen sprunghaften Anstieg im Bezug von unbefristeter IP zwei Jahre nach dem Antrag.

Abbildung 32: Effekt von IP Neu auf (i) IP, (ii) Rehageld (2 Jahre nach Antrag)

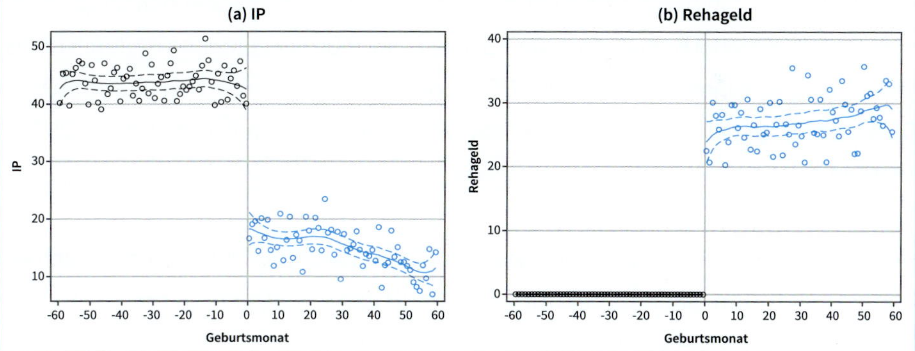

13 Abbildungen 59 und 60 im Appendix zeigen, dass diese Diskontinuität vor 2014 nicht vorhanden war und somit auf die Reform IP Neu zurückzuführen ist.

Abbildung 33: Effekt von IP Neu auf (i) befristete IP, (ii) unbefristete IP (2 Jahre nach Antrag)

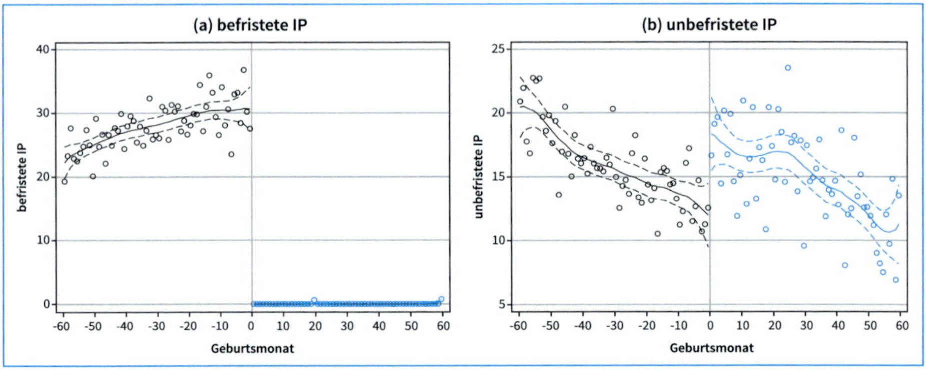

Tabelle 13 präsentiert den Koeffizienten ⊠, welcher Auskunft gibt über die Auswirkungen von IP Neu auf den Bezug von IP und den Bezug von Rehageld ein Jahr, zwei Jahre und drei Jahre nach dem Antrag. Die Resultate zeigen einen Rückgang im IP Bezug von 31 Prozentpunkten ein Jahr nach dem Antrag. Dies entspricht einem relativen Rückgang von 70 Prozent. Interessant ist auch die Aufteilung des IP Bezugs in befristete IP und unbefristete IP. Panel B zeigt, dass der Rückgang im IP Bezug getrieben ist durch befristete IP Bezüge, während unbefristete IP Bezüge unverändert sind (Panel C). Wie in Panel D dargestellt, steigen die Bezüge an Rehageld ein Jahr nach dem Antrag um 29.25 Prozentpunkte.

Betrachtet man die Situation zwei bzw. drei Jahre nach dem Antrag, ergibt sich ein anderes Bild. Zum einen ist der Rückgang im IP Bezug viel niedriger mit 22.5 (16.4) Prozentpunkten zwei (drei) Jahre nach dem Antrag, verglichen mit 31.0 Prozentpunkten ein Jahr nach dem Antrag. Dies ist auf einen Anstieg im Bezug von unbefristeter IP zurückzuführen, während der Rückgang im Bezug von befristeter IP stabil bleibt. Gleichzeitig beziehen weniger AntragsstellerInnen Rehageld als ein Jahr nach dem Antrag. Daraus lässt sich schließen, dass mit IP Neu ein Teil der

AntragsstellerInnen, die im ersten Jahr nach dem Antrag Rehageld beziehen, in der längeren Frist in eine unbefristete IP wechseln.

Tabelle 13: Auswirkungen von IP Neu auf (i) die Antragswahrscheinlichkeit, (ii) Bezug einer Invaliditätspension und (iii) Rehageldbezug

RD Schätzer	1 Jahr nach Antrag	2 Jahre nach Antrag	3 Jahre nach Antrag
A. Bezug IP			
Nach IP Neu	-31.00***	-22.52***	-16.41***
Durchschnitt vor IP Neu	44.42	42.84	43.31
B. Bezug IP befristet			
Nach IP Neu	-28.52***	-28.90***	-29.41***
Durchschnitt vor IP Neu	30.02	31.29	33.33
C. Bezug IP unbefristet			
Nach IP Neu	-2.48	6.38**	13.00***
Durchschnitt vor IP Neu	14.40	11.55	9.98
D. Bezug Rehageld			
Nach IP Neu	29.25***	22.23***	17.25***
Durchschnitt vor IP Neu	0.00	0.00	0.00

In einem nächsten Schritt wollen wir die Auswirkungen von IP Neu auf die Arbeitsmarktsituation von AntragsstellerInnen nach dem Antrag beleuchten. Zu diesem Zweck stellen wir in Abbildung 34 die Profile von Beschäftigung, Krankengeld, Arbeitslosigkeit und sonstigen/unbekannten Zuständen zwei Jahre nach dem Antrag in Abhängigkeit des Geburtsdatums dar. AntragsstellerInnen rechts von Geburtsmonat 0 sind nach Dezember 1963 geboren und von IP Neu betroffen, während AntragsstellerInnen links vom Referenzmonat 0 (= Geburtskohorte Jänner 1964) nicht von IP Neu betroffen sind. Wir sehen in allen vier Panels ein ähnliches Muster: Die Profile sind mehrheitlich flach und weisen insbesondere keine sprunghafte Veränderung an der Treatment-Schwelle auf. Dies bedeutet, dass IP Neu keine Auswirkung auf den Arbeitsmarktstatus von AntragsstellerInnen zwei Jahre nach dem Antrag hatte. Diese Schlussfolgerung wird auch größtenteils bestätigt, wenn wir die Schätzungen der Regressionsgleichung betrachten, die in Tabelle 14 dargestellt sind. Der Koeffizient ist für alle Ergebnisvariablen statistisch nicht signifikant von 0 verschieden, sowohl im ersten als auch im zweiten und dritten Jahr nach dem Antrag. Die einzige Ausnahme ist die Ergebnisvariable sonstige/unbekannte Zustände, welche im zweiten Jahr nach dem Antrag für die Studiengruppe 3.9 Prozentpunkte höher ist, gemessen relativ zur Kontrollgruppe.

Es gilt hier hervorzuheben, dass dieses Ergebnis nur für AntragsstellerInnen an der Treatment-Schwelle gilt, d.h. Personen, die kurz vor und nach Jänner 1964 geboren sind. Allerdings deckt sich dieses Ergebnis mit den Resultaten in Abschnitt 5.2. Diese deuten darauf hin, dass IP Neu keine Arbeitsmarkteffekte für alle unter 50jährigen AntragsstellerInnen hatte. Eine mögliche Erklärung hierfür ist, dass die Mehrheit der AntragsstellerInnen sich immer noch im Rehabilitationsprozess befindet und noch nicht auf den Arbeitsmarkt zurückgekehrt ist. In der längeren Frist könnten sich positive Beschäftigungseffekte einstellen, falls die Rehabilitationsmaßnahmen die erhoffte Wirkung haben. Die längerfristigen Effekte können wir zu diesem Zeitpunkt allerdings nicht näher beleuchten, weil IP Neu in 2014 eingeführt wurde und unsere Daten in 2018 enden.

Tabelle 14: Auswirkungen von IP Neu auf (i) Beschäftigung, (ii) Arbeitslosigkeit, (iii) Krankengeld und (iv) sonstige/unbekannte Zustände

RD Schätzer	1 Jahr nach Antrag	2 Jahre nach Antrag	3 Jahre nach Antrag
A. Beschäftigung			
Nach IP Neu	0.22	0.02	-4.34
Durchschnitt vor IP Neu	12.72	16.67	16.30
B. Arbeitslosigkeit			
Nach IP Neu	0.71	-3.19	0.30
Durchschnitt vor IP Neu	30.25	28.80	27.25
C. Krankengeld			
Nach IP Neu	0.19	-0.79	-1.26
Durchschnitt vor IP Neu	6.81	5.85	4.87
D. Sonstiges/Unbekannt			
Nach IP Neu	0.90	3.86*	3.56
Durchschnitt vor IP Neu	5.36	5.70	7.54

Abbildung 34: Effekt von IP Neu auf (i) Beschäftigung, (ii) Krankengeldbezug, (iii) Arbeitslosigkeit und (iv) sonstige/übrige Zustände (2 Jahre nach Antrag)

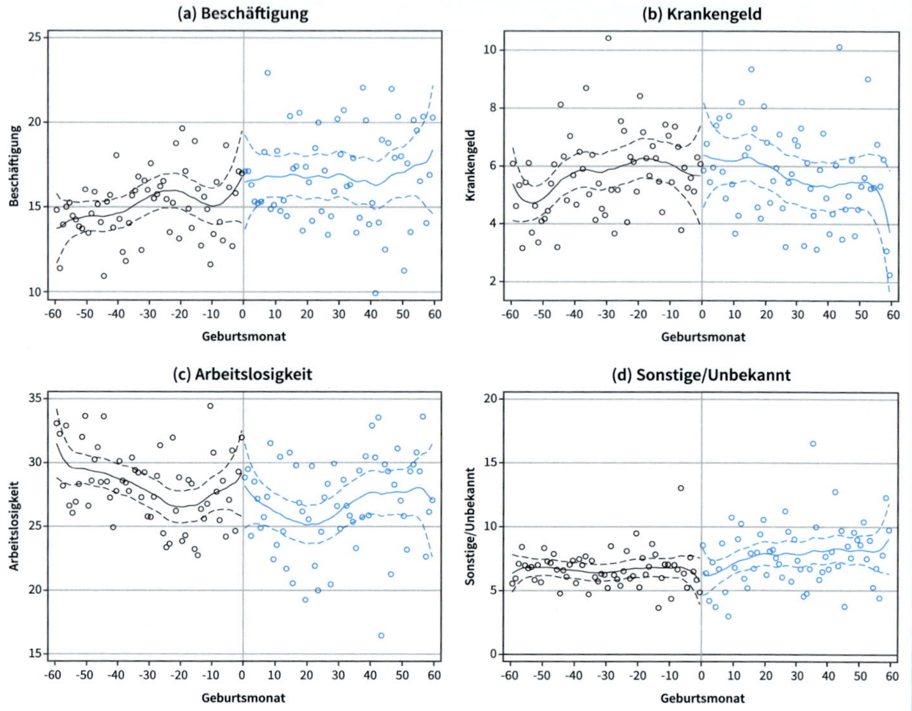

6 IP NEU: KAUSALE EFFEKTE AUF REHAMASSNAHMEN UND GESUNDHEITSAUSGABEN

Die bisherige Analyse hat sich auf die Arbeitsmarkteffekte von IP Neu konzentriert. Zwei mögliche Gründe für die geringfügigen Arbeitsmarkteffekte von IP Neu sind, dass viele AntragsstellerInnen sich in Rehabilitation befinden und noch keinen Versuch unternommen haben, auf den Arbeitsmarkt zurückzukehren, oder dass die IP Neu die Partizipation an Rehamaßnahmen gar nicht erhöht hat.

Um diese Hypothesen genauer zu untersuchen, messen wir in einem nächsten Schritt die kausalen Effekte von IP Neu auf den Bezug von Rehamaßnahmen sowie auf die Gesundheitsausgaben. Konkret unterscheiden wir drei verschiedene Maße für die Gesundheitsausgaben: (1) die Arztkosten, (2) die Heilmittelkosten und (3) die Krankenanstalten Kosten. Unsere Analyse konzentriert sich auf Personen, die seit 2004 einen Antrag auf IP oder Rehabilitationsgeld gestellt haben, da wir nur für diese Gruppe über Informationen zu Rehabilitationsmaßnahmen und Gesundheitsausgaben verfügen.

6.1 Statistisches Modell

Für die statistische Analyse verwenden wir wiederum den RD-Ansatz aus dem vorangegangenen Kapitel. In einem ersten Schritt stellen wir in einer Grafik die Ergebnisvariable, zum Beispiel die Arztkosten, in Abhängigkeit des Geburtsdatums dar. Diese Grafik erlaubt es uns auf einfach Art und Weise zu sehen, ob die Ergebnisvariable an der Treatment-Schwelle, hier das Geburtsdatum Jänner 1964, eine Diskontinuität aufweist. Eine Diskontinuität in der Ergebnisvariable genau an der Treatment Schwelle ist ein klares Indiz dafür, dass das Treatment einen Effekt auf die Ergebnisvariable hat. Sieht man keine Diskontinuität an der Treatment-Schwelle, hat das Treatment mit großer Wahrscheinlichkeit keinen kausalen Effekt auf die Ergebnisvariable.

In einem zweiten Schritt messen wir mithilfe einer Regressionsgleichung die Diskontinuität an der Treatment-Schwelle. Aus dieser Schätzung lässt sich dann ein Treatment-Effekt ermitteln, das heißt der kausale Effekt von IP Neu auf die Ergebnisvariable. Konkret schätzen wir folgende Regressionsgleichung:

$$\begin{aligned} Y_{it} = \alpha + \gamma * D(Geburtsdatum \geq 01/1964)_i + \delta_0 * Geburtsdatum_i \\ + \delta_1 * Geburtsdatum_i^2 + \delta_2 * Geburtsdatum_i * D(Geburtsdatum \geq 01/1964)_i \\ + \delta_3 * Geburtsdatum_i^2 * D(Geburtsdatum \geq 01/1964)_i + \epsilon_{it} \end{aligned} \tag{4}$$

Die Variable $D(Geburtsdatum \geq 01/1964)_i$ ist eine Dummy-Variable, die anzeigt, ob die beobachtete Person im Jänner 1964 oder später geboren ist. Diese Variable misst den diskontinuierlichen Effekt des Geburtsdatums auf die Ergebnisvariable. Die Variablen $Geburtsdatum_i$ und $Geburtsdatum_i^2$ messen den Einfluss des Geburtsdatums (in Monaten) und bilden den kontinuierlichen Effekt des Geburtsdatums ab. Wie zuvor nehmen wir an, dass dieser Effekt quadratisch ist und sich am Geburtsdatum Jänner 1964 ändert. Der Koeffizient misst den Unterschied in der Ergebnisvariable von AntragsstellerInnen, die im Jänner 1964 oder danach geboren wurden, relativ zu AntragsstellerInnen, die gerade vor diesem Geburtsdatum geboren wurden.

Abbildung 35: Effekt von IP Neu auf Maßnahme W'keit

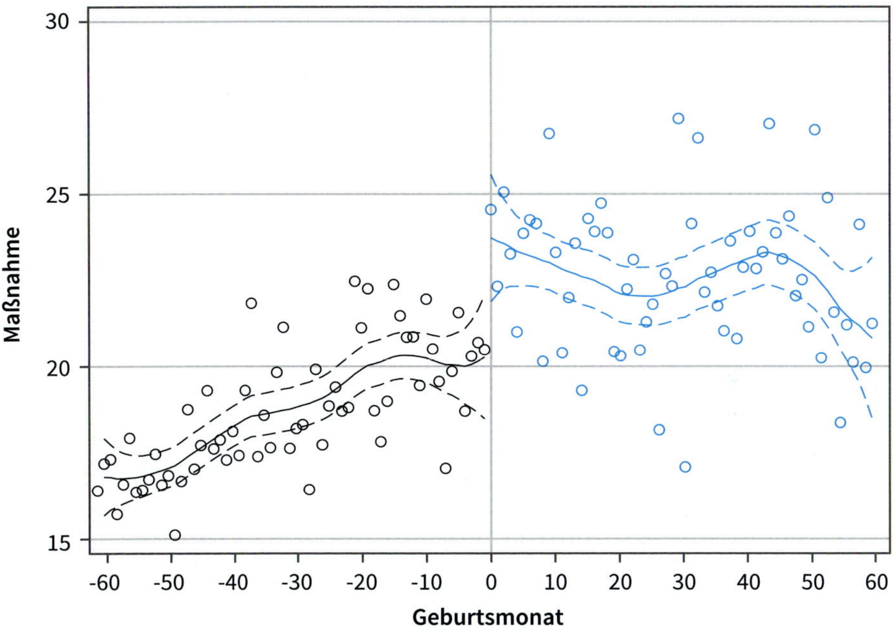

6.2 Resultate

Abbildung 35 gibt Aufschluss darüber, in welchem Ausmaß IP Neu die Wahrscheinlichkeit beeinflusst hat, dass ein/e AntragsstellerIn eine Rehamaßnahme erhält. Wir sehen, dass die Wahrscheinlichkeit einer Maßnahme links der Treatment-Schwelle ansteigend ist im Geburtsmonat. Im Referenzmonat 0 - d.h. für die Geburtskohorte Jänner 1964 - ist ein sprunghafter Anstieg in der Wahrscheinlichkeit einer Maßnahme zu beobachten. Die Wahrscheinlichkeit rechts der Treatment-Schwelle verläuft auf einem kontinuierlich höheren Niveau als links von der Treatment-Schwelle. Dies bedeutet, dass IP Neu die Wahrscheinlichkeit, eine Rehamaßnahme zu erhalten, für AntragsstellerInnen, die nach Dezember 1963 geboren und somit von IP Neu betroffen sind, permanent erhöht hat im Vergleich zu AntragsstellerInnen, die nicht von IP Neu betroffen sind.

Panel (a) in Abbildung 36 beleuchtet die Auswirkungen von IP Neu auf die durchschnittlichen Arztkosten pro Quartal, die durchschnittlichen Heilmittelkosten pro Quartal und durchschnittlichen Krankenanstalt Kosten pro Quartal. Panel (a) zeigt, dass die Arztkosten links der Treatment-Schwelle relativ flach verlaufen. Im Referenzmonat 0 (= Geburtskohorte Jänner 1964) ist ein leichter Anstieg in den Arztkosten zu beobachten. Allerdings gilt es auch zu bemerken, dass die Arztkosten allgemein von Geburtsmonat zu Geburtsmonat sehr stark variieren. Dies deutet darauf hin, dass andere Faktoren neben dem Geburtsmonat und IP Neu einen starken Einfluss auf die Arztkosten haben. In Panel (b) sehen wir eine kontinuierliche Zunahme der durchschnittlichen Heilmittelkosten mit dem Geburtsdatum. An der Treatment-Schwelle kommt es zu keiner sprunghaften Veränderung der Heilmittelkosten, das Profil wird jedoch etwas flacher rechts der Treatment-Schwelle. Panel (c) weist darauf hin, dass IP Neu keine Auswirkungen auf die durchschnittlichen Krankenanstalt Kosten pro Quartal hatte. Die Kosten verlaufen sehr flach mit dem Geburtsdatum und variieren insgesamt sehr stark. Insbesondere ist keine sprunghafte Veränderung an der Treatment-Schwelle zu beobachten.

Tabelle 15 präsentiert den Koeffizienten γ - den diskontinuierlichen Effekt an der Treatment-Schwelle - für die Ergebnisvariablen Rehamaßnahmen, Arztkosten, Heilmittelkosten und Krankenanstalt Kosten. Für jede Ergebnisvariable zeigen wir separate Schätzungen 2, 4, 6 und 8 Quartale nach dem Antrag. Auf diese Art können wir die Dynamik einer Ergebnisvariable in Abhängigkeit der Zeit besser verstehen. In Panel A sehen wir, dass die Wahrscheinlichkeit, eine Rehamaßnahme zu erhalten, an der Treatment-Schwelle innerhalb von 4 und 6 Quartalen um etwa 8-9 Prozentpunkte ansteigt. Interessanterweise sehen wir innerhalb der ersten 2 Quartale nach dem Antrag keinen Unterschied in der Wahrscheinlichkeit, eine Rehamaßnahme zu erhalten. Diese deutet darauf hin, dass sich der Unterschied in der Rehamaßnahme-Wahrscheinlichkeit erst eine gewisse Zeit nach dem Antrag einstellt. Dies macht Sinn, da die durchschnittliche

Bearbeitungszeit eines Antrages rund drei Monate beträgt und wohl keine Rehamaßnahme zugesprochen wird, bevor der Antrag entschieden ist.

Wie Panel B zeigt, sind die Arztkosten pro Quartal bei AntragsstellerInnen, die nach Dezember 1963 geboren und somit von IP Neu betroffen sind, im Durchschnitt höher als bei AntragsstellerInnen, die vor Jänner 1964 geboren sind. Die Differenz in den Arztkosten ist ansteigend mit der Dauer seit dem Antragsdatum und beträgt 149.54 Euro sechs Quartale nach dem Antragsdatum. Relativ zum Durchschnitt vor IP Neu entspricht dies einem Anstieg um 60 Prozent. Panel C zeigt, dass die Heilmittelkosten nicht signifikant ansteigen an der Treatment-Schwelle. Panel D zeigt, dass der Unterschied in den Krankenanstalt Kosten an der Treatment-Schwelle mit der Dauer seit dem Antrag ansteigt bis zum 6. Quartal und dann im 8. Quartal wieder fällt. Der Anstieg bis Quartal 6 ist aber statistisch nicht signifikant.

Zusammenfassend lässt sich festhalten, dass AntragsstellerInnen nach der Einführung von IP Neu mit zunehmender Dauer seit dem Antrag höhere Arztkosten aufweisen, während sich die Heilmittelkosten und Krankenanstaltenkosten kaum unterscheiden. Eine mögliche Erklärung für dieses Ergebnis ist, dass AntragsstellerInnen im Zuge der Rehabilitationsmaßnahme mehr medizinische Leistungen konsumieren.

Abbildung 36: RDD durchschnittliche Gesundheitsausgaben pro Quartal nach Antrag

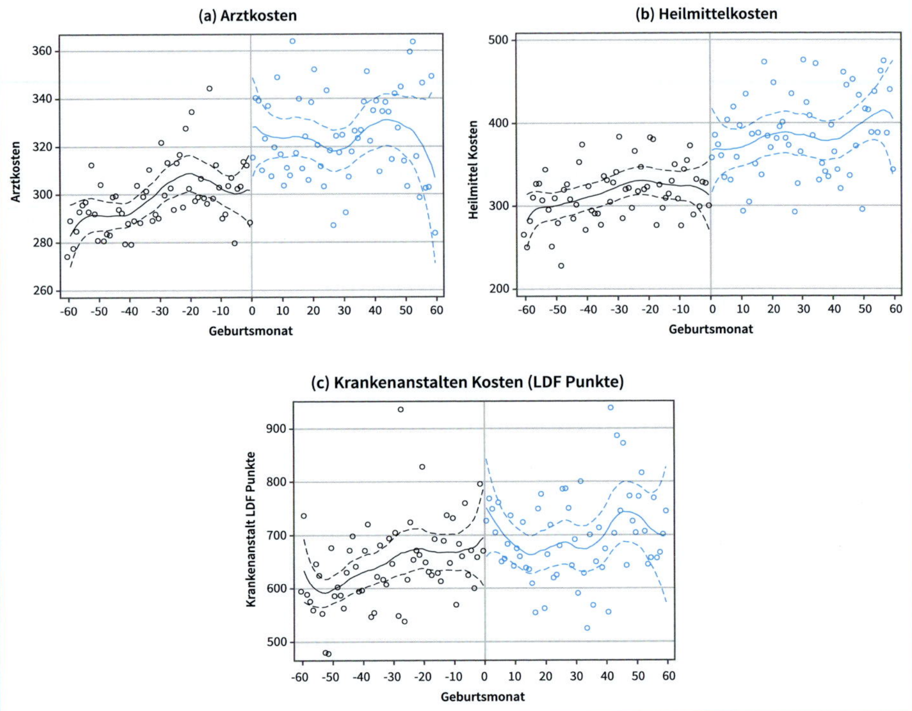

Tabelle 15: Auswirkungen von IP Neu auf (i) Arztkosten, (ii) Heilmittelkosten, (iii) Krankenanstalten LKF Punkte (iv) Rehamaßnahmen

RD Schätzer Zeit nach Antrag:	2. Quartal	4. Quartal	6. Quartal	8. Quartal
A. Rehamaßnahme (%-Punkte)				
Nach IP Neu	3.14	9.61***	7.99*	7.09
Durchschnitt vor IP Neu	7.44	12.35	15.68	18.68
B. Arztkosten				
Nach IP Neu	75.71	99.88*	149.54***	113.70**
Durchschnitt vor IP Neu	367.30	337.48	248.63	266.85
C. Heilmittelkosten				
Nach IP Neu	185.23	-107.34	127.04	40.41
Durchschnitt vor IP Neu	562.99	677.71	432.79	444.52
D. Krankenanstalten LKF Punkte				
Nach IP Neu	-26.56	114.92	456.01	2.53
Durchschnitt vor IP Neu	1674.03	732.52	1130.29	834.19

7 KAUSALE EVALUATION: ZUTEILUNG VON ANTRÄGEN AUF GUTACHTERINNEN

7.1 Statistisches Modell

Die kausale Evaluation der letzten Kapitel basierte auf einem Vergleich von Personen ab der Geburtskohorte 1964 (welche der Reform IP Neu unterlagen) mit Personen, welche vor 1964 geboren wurden (und damit nicht direkt von der Reform IP Neu betroffen waren) und welche als Kontrollgruppe dienen.

In diesem Kapital werfen wir einen etwas anderen Blick auf die Daten, um die Auswirkungen der Reform IP Neu zu messen: die Zuteilung zu GutachterInnen im IP Evaluationsprozess. Wie in den vergangenen Kapiteln geht es darum, den kausalen Effekt einer Zuerkennung von Rehageld, IP, und einer Rehamaßnahme auf den Arbeitsmarkterfolg und die Gesundheitsausgaben zu messen.[14] Die kausale Analyse beruht auf der Zuteilung von Anträgen an die ärztlichen MitarbeiterInnen des Chefärztlichen Dienstes nach fixen Regeln (zum Beispiel nach Geburtsdatum oder Auslastung). Die Zuteilung der Fälle auf GutachterInnen ist damit quasi-zufällig und damit weitgehend unabhängig von den Eigenschaften der Fälle (d.h. den Eigenschaften der einzelnen IP Anträge). In dem Maße, in welchem die GutachterInnen systematische Unterschiede in der Zuerkennung einer IP, des Rehagelds oder einer Rehamaßnahme aufweisen, können wir mit dieser Strategie den kausalen Effekt des Antragentscheides evaluieren. Diese Methode zur Schätzung kausaler Effekte wurde in neueren Studien von Maestas u. a. (2013) und Dahl u. a. (2014) für die Evaluation von IP Reformen in den USA bzw. Norwegen erfolgreich implementiert.

14 Der IP-Antragsprozess ist detaillierter beschrieben in Abbildung 61 im Appendix.

Die Idee der Schätzmethode lässt sich am besten mit folgendem Gedankenexperiment illustrieren. Die ideale Lösung, um den kausalen Effekt von Rehamaßnahmen auf die Arbeitsmarktpartizipation zu schätzen, wäre ein Experiment mit zufälliger Zuteilung von Maßnahmen auf AntragsstellerInnen. Der kausale Effekt kann in diesem Fall durch Vergleich der durchschnittlichen Arbeitsmarktpartizipation zwischen den Gruppen mit und ohne Maßnahme direkt berechnet werden. Ein solches Experiment ist jedoch praktisch nicht umsetzbar. Die quasi-zufällige Zuteilung der Anträge auf die GutachterInnen schafft jedoch ähnliche Variation wie das Experiment. Gäbe es nur zwei GutachterInnen, von denen einer/eine immer eine Maßnahme spricht und der/die andere jedoch nie eine Maßnahme spricht, dann hätten wir genau das ideale Experiment. Obwohl eine solche Situation in der Realität nicht gegeben ist, beobachten wir große Unterschiede zwischen GutachterInnen in der Wahrscheinlichkeit, eine Maßnahme zuzuteilen. Die zufällige Zuteilung von Anträgen zu GutachterInnen generiert damit quasi-experimentelle Variation in der Wahrscheinlichkeit der Zuerkennung einer IP, von Rehageld, oder der Zuteilung einer Rehamaßnahme. Die sogenannte Instrumentalvariablen-Strategie nutzt nun diese Variation zwischen GutachterInnen aus.

Die Auswirkungen dieser verschiedenen Maßnahmen von IP Neu auf eine Ergebnisvariable (z.B. Beschäftigung) kann mit folgender Regressionsgleichung statistisch gemessen werden:

$$Y_i = \beta_0 + \beta_1 IP_i + \beta_2 RG_i + \beta_3 RM_i + \beta_4 BZ_i + \epsilon_i \qquad (5)$$

Y_i misst den Arbeitsmarkterfolg (z.B. Lohnsatz oder Beschäftigungsstatus) oder ist ein Maß für die Gesundheitsausgaben. IP_i, RG_i und RM_i sind Dummy-Variablen, die anzeigen, ob eine Person i eine IP, Rehabilitationsgeld oder eine Rehamaßnahme erhält. Somit messen die Koeffizienten β_1, β_2 und β_3 die Auswirkungen der Zuerkennung einer IP, von Rehabilitationsgeld und von Maßnahmen auf die Ergebnisvariable Y_i. Die Variable BZ_i misst die Bearbeitungsdauer des Antrags (Zeit in Monaten zwischen Antragsdatum und

Entscheidungsdatum). Diese Variable ist nicht von direktem Interesse im Rahmen der IP Neu. Autor u.a. (2015) haben aber gezeigt, dass es bei diesem Ansatz wichtig ist für die Bearbeitungszeit des Antrages zu kontrollieren, deshalb inkludieren wir diese Variable in Regressionsgleichung (5).

Diese obige Regression kann jedoch nicht kausal interpretiert werden, da Personen mit unterschiedlichen Entscheidungen über IP_i, RG_i und RM_i sich in nicht beobachtbaren Charakteristika unterscheiden können. Deshalb ist es nicht möglich zu sagen, ob der geschätzte Effekt auf die Maßnahme oder die unbeobachtbaren Unterschiede zwischen Personen zurückzuführen ist. Die quasi-zufällige Zuteilung der Fälle auf die medizinischen GutachterInnen erlaubt uns, diese beiden Faktoren zu trennen. Der Grund ist, dass mit der quasi-zufälligen Zuteilung zu GutachterInnen mit unterschiedlichem Entscheidungsverhalten Personen mit identischen Charakteristika unterschiedliche Maßnahmen erhalten. Zu diesem Zweck werden die Variablen $EXIP_j$, $EXRG_j$, $EXRM_j$ und $EXBZ_j$ konstruiert. Diese Variablen messen die Wahrscheinlichkeit, dass ein/e medizinische/r GutachterIn j eine permanente IP ($EXIP_j$), Rehabilitationsgeld ($EXRG_j$) oder eine Rehamaßnahme ($EXRM_j$) zuspricht. $EXBZ_j$ misst die durchschnittliche Bearbeitungszeit eines Antrags, der von GutachterIn j bearbeitet wird.[15] Dann kann mit folgender Regressionsgleichung der kausale Effekt der einzelnen Maßnahmen geschätzt werden:

$$Y_i = \beta_0 + \beta_1 EXIP_{ij} + \beta_2 EXRG_{ij} + \beta_3 EXRM_{ij} + \beta_4 EXBZ_{ij} + \epsilon_i \qquad (6)$$

Die Schätzmethode basiert auf der quasi-zufälligen Zuteilung der Anträge auf die GutachterInnen. Da die Zuteilung des Antrags i zu GutachterIn j aufgrund objektiver und nicht veränderbarer Kriterien (wie etwa dem Geburtsmonat oder dem Wohnort des Antragsstellers/der Antragsstellerin) basiert, ist die identifizierende Annahme, dass die

15 Die Variablen $EXIP_j$, $EXRG_j$, $EXRM_j$ und $EXBZ_j$ werden analog zu Maestas u. a. (2013) als „Leaveone-out" berechnet, d.h. für jeden/jede AntragsstellerIn i wird die durchschnittliche Zuerkennung von IP, RG, RM des Gutachters/der Gutachterin j berechnet - ohne aber die Entscheidung des Antrags des Individuums i dabei zu berücksichtigen. Für jede Variable $\varkappa \epsilon \{IP,RG,RM,BZ\}$ b berechnen wir $EX\varkappa_{ij} = \sum k \neq i, k \epsilon J \varkappa k$.

Instrumentalvariable (das Entscheidungsverhalten des/der zugeteilten Gutachters/ Gutachterin) nicht mit unbeobachteten Faktoren des Antrags korreliert (z.B. der Arbeitsmotivation des Antragsstellers bzw. der Antragsstellerin), sehr plausibel. Ein Vergleich der Anträge von Personen, welche einem/einer GutachterIn mit hohem ***EXIP*** (d.h. welche/r viele IP Anträge genehmigt) zugeteilt wurden, mit Anträgen, deren GutachterIn einen niedrigen Wert von ***EXIP*** aufweist (d.h. welche/r nur wenige IP Anträge genehmigt), erlaubt damit Rückschlüsse auf den kausalen Effekt der Zuerkennung einer IP auf die interessierende Variable ***Y*** (z.B. den Arbeitsmarktstatus oder den Gesundheitszustand).

7.2 Annahmen des Statistischen Modells

Damit das statistische Modell die kausalen Effekte identifizieren kann, müssen folgende Annahmen erfüllt sein:

» **Zufällige Zuteilung von Anträgen auf GutachterInnen:** Die Zuteilung eines Antrags muss unabhängig von den Eigenschaften des Antrags erfolgen.

» **Variation in Beurteilung der Fälle zwischen GutachterInnen:** Die verschiedenen GutachterInnen müssen sich unterscheiden in der Wahrscheinlichkeit IP oder Rehageld zu empfehlen.

» **Signifikanter Effekt des Gutachters bzw. der Gutachterin auf die Beurteilung von Anträgen:** Schließlich muss die Zuerkennungswahrscheinlichkeit eines Gutachters bzw. einer Gutachterin einen Einfluss auf die Beurteilung des Antrags haben.

Wir testen Annahme 1, indem wir die Eigenschaften eines Antragsstellers bzw. einer Antragsstellerin wie Geschlecht, Alter, Jahreseinkommen und Gesundheitskosten (gemessen vor der Antragsstellung) regressieren auf die Zuerkennungswahrscheinlichkeit des Gutachters bzw. der Gutachterin. Bei zufälliger Zuteilung sollten die Eigenschaften des Antragsstellers bzw. der Antragsstellerin unkorreliert sein mit der Zuerkennungswahrscheinlichkeit des Gutachters bzw. der Gutachterin. Tabelle 16 zeigt, dass dies der Fall ist für die IP Zuerkennungswahrscheinlichkeit. In der Spalte „IP“ in Tabelle 16 werden

Charakteristika des Antragsstellers bzw. der Antragsstellerin auf die Zuerkennung von Rehageld (RG) seines/ihres Antrags regressiert. Praktisch alle Charakteristika haben einen signifikanten Einfluss auf die Zuerkennung von Rehageld. So erhöhen beispielsweise 1000 Euro höhere Arztkosten vor der Antragsstellung die Zuerkennungswahrscheinlichkeit um knapp 2 Prozentpunkte. Die Spalte EXRG zeigt die Regression der Charakteristika auf die Zuerkennungsrate des Gutachters bzw. der Gutachterin. Alle Charakteristika haben nun keinen signifikanten Einfluss auf die Zuerkennungsrate des Gutachters bzw. der Gutachterin bzw. die Punktschätzer sind zwar für einige wenige Variablen noch signifikant, aber sehr klein. Dies ist konsistent mit einer zufälligen Zuteilung von Anträgen auf GutachterInnen. Die Tests für die anderen Instrumentalvariablen sind im Appendix in Tabellen 30 bis 32 aufgeführt und sind auch konsistent mit einer zufälligen Zuteilung der Fälle auf die GutachterInnen.

Tabelle 16: Balance Test RG (Jahrgang ≥ 1964)

	RG		RGx1964	
Individuelle Charakteristiken				
Frau	0.0151***	(0.0058)	0.0014	(0.0015)
Österreicher	-0.0394***	(0.0078)	-0.0069***	(0.0022)
Alter				
20–24	0.0735*	(0.0418)	0.0147	(0.0096)
25–29	0.0840*	(0.0430)	0.0151	(0.0102)
30–34	0.0602	(0.0428)	0.0075	(0.0103)
35–39	0.0290	(0.0405)	0.0002	(0.0104)
40–44	0.0090	(0.0413)	-0.0065	(0.0106)
45–49	-0.0243	(0.0411)	-0.0123	(0.0107)
50–54	-0.0612	(0.0403)	-0.0196*	(0.0105)
Arbeitsmarkt Charakteristiken				
Jahreseinkommen 5 Jahre vor Antrag	0.0023***	(0.0002)	0.0000	(0.0001)
Arbeitslos 1 Jahr vor Antrag	-0.0724***	(0.0069)	-0.0031	(0.0022)
Krankenstand 1 Jahr vor Antrag	0.0293***	(0.0087)	-0.0005	(0.0025)
Gesundheitsausgaben (in 1000 Euro) 1 Jahr vor Antragsstellung				
Arztkosten	0.0025	(0.0025)	-0.0007	(0.0006)
Medikamentenkosten	0.0016*	(0.0010)	0.0004*	(0.0002)
Krankenanstalten LKF Punkte	0.0031***	(0.0004)	0.0000	(0.0001)
Bundesland X Jahr FE		JA		JA
Krankheitsgrund FE		JA		JA
Anzahl Beobachtungen		**34304**		**34304**

In Abbildung 62 im Appendix zeigen wir, dass sich die Zuerkennungsraten von GutachterInnen innerhalb eines Bundeslandes und Jahres zum Teil stark unterscheiden. Annahme 2 ist also auch erfüllt.

Tabelle 17: First Stage

	Rehageld	IP	Bearbeitungszeit	Maßnahme
EXRG	0.5790***	0.0160	-0.2832***	0.0056
Standard Fehler	(0.0394)	(0.0147)	(0.0153)	
t-Statistik	14.69	1.09	-3.30	0.37
EXIP	-0.0081	0.7153***	-0.1833	0.0115
Standard Fehler	(0.0566)	(0.0336)	(0.1285)	(0.0301)
t-Statistik	-0.14	21.32	-1.43	0.38
EXBZ	-0.0197**	-0.0077**	0.7602***	-0.0050
Standard Fehler	(0.0090)	(0.0035)	(0.0257)	(0.0034)
t-Statistik	-2.18	-2.19	29.56	-1.49
EXRM	0.0771	-0.1303**	0.3836	0.3721***
Standard Fehler	(0.1113)	(0.0544)	(0.2672)	(0.0745)
t-Statistik	0.69	–2.39	1.44	5.00
R^2	0.17	0.08	0.20	0.03
N	37992	37992	37992	37992

Wir testen Annahme 3, indem wir die Instrumentalvariablen des Gutachters bzw. der Gutachterin *($EXIP_j$, $EXRG_j$, $EXRM_j$* und *$EXBZ_j$)* auf die Beurteilung des Antrags regressieren. Tabelle 17 zeigt, dass Annahme 3 erfüllt ist. Es zeigt sich, dass jedes Instrument einen signifikanten Effekt auf die Beurteilung eines Falles hat. Anders ausgedrückt, für eine positive Erledigung des Antrags spielt es eine Rolle, welchem/welcher GutachterIn der Antrag zugeteilt wird.

7.3 Resultate Arbeitsmarkt

Tabellen 18 und 19 weisen die kausalen Effekte auf das Arbeitseinkommen und den Arbeitsmarktstatus aus. Die ausgewiesenen Schätzer messen jeweils den kausalen Effekt für marginale AntragsstellerInnen. Dies sind AntragsstellerInnen, für die das Ergebnis ihres Antrags davon abhängt, zu welchem/welcher GutachterIn sie zugeteilt werden.

Für viele AntragsstellerInnen ist die Zuteilung an den/die GutachterIn irrelevant, da sie so gesund oder krank sind, dass der Fall eindeutig ist und alle GutachterInnen gleich entscheiden würden.

Eine Zuerkennung von Rehageld reduziert das Arbeitseinkommen von diesen marginalen AntragsstellerInnen um 4300 Euro ein Jahr nach Antrag. Der Rückgang im Arbeitseinkommen bleibt relativ konstant über die Zeit und beträgt 5000 Euro (4300 Euro) zwei (drei) Jahre nach dem Antrag. Anders formuliert, die marginal abgelehnten AntragsstellerInnen erzielen ein 4300-5000 Euro höheres Arbeitseinkommen als für Rehageld angenommene AntragsstellerInnen. Tabelle 19 zeigt, dass zwei Jahre nach Antragsstellung nur 19 Prozent der abgelehnten AntragsstellerInnen in Beschäftigung sind und der Großteil, mit 37 Prozent Anteil, der abgelehnten AntragsstellerInnen Arbeitslosengeld bezieht. Dies impliziert, dass das Arbeitsmarktpotenzial von marginalen AntragsstellerInnen nicht sehr groß ist. Dies könnte ein Hinweis darauf sein, warum es schwierig ist AntragsstellerInnen durch Maßnahmen wieder im Arbeitsmarkt zu integrieren.

Interessanterweise finden wir erst im zweiten und dritten Jahr nach der Antragsstellung einen signifikanten Effekt einer IP-Zuerkennung auf das Arbeitseinkommen. Eine mögliche Interpretation hierfür ist, dass die marginalen AntragsstellerInnen der IP nach einem abgelehnten Antrag erst nach einer gewissen Zeit wieder Tritt im Arbeitsmarkt finden. Bei der Bearbeitungszeit finden wir keinen signifikanten Effekt auf das Arbeitseinkommen. Dieser Effekt steht im Gegensatz zu den Resultaten von Autor u. a. (2015) für die USA. Autor u. a. (2015) finden, dass längere Bearbeitungszeiten das Arbeitseinkommen reduzieren. Der Unterschied könnte damit erklärt werden, dass es in Österreich im Vergleich zu den USA möglich ist, während der Antragsstellung im Arbeitsmarkt zu verbleiben.

Bei den Maßnahmen finden wir keinen statistisch signifikanten Effekt auf die Arbeitseinkommen zwei Jahre nach Antragsstellung. Die Standardfehler dieser Schätzer sind allerdings groß. Daher kann nicht ausgeschlossen werden, dass Maßnahmen einen substanziellen Effekt haben. Die unpräzise Schätzung der Effekte ist dadurch erklärbar, dass die Zuteilung des Gutachters bzw. der Gutachterin einen relativ geringen Effekt darauf hat, ob ein/e AntragsstellerIn eine Rehamaßnahme erhält oder nicht.

Tabelle 18: Kausaler Effekt auf Arbeitseinkommen

Arbeitseinkommen (Euro) nach Antrag	1. Jahr	2. Jahr	3. Jahr
Rehageld	-4352*** (721)	-4982*** (1032)	-4306*** (1532)
IP	269 (1151)	-2401* (1364)	-6302*** (2215)
Bearbeitungszeit	57 (177)	-261 (207)	-453 (469)
Med. Maßnahme	4115 (3642)	-492 (4830)	716 (6493)
Durchschn. Arbeitseinkommen	2790	3663	4164
Beobachtungen	34391	25002	12601

Tabelle 19: Kausaler Effekt auf Arbeitsmarktstatus

Status 2 Jahre nach Antrag:	Beschäftigung	Arbeitslosigkeit	Krankengeld
Rehageld	-19.41*** (4.96)	-36.64*** (4.83)	-3.38 (3.04)
IP	-8.00 (4.94)	-32.22*** (5.80)	-13.64*** (3.15)
Bearbeitungszeit	-1.12 (0.85)	2.18** (0.92)	0.37 (0.54)
Maßnahme	-21.47 (21.25)	-9.74 (19.68)	10.02 (12.00)
Mean	13.62	27.79	5.78
Beobachtungen	26937	26937	26937

7.4 Resultate Gesundheitsausgaben

Tabelle 20 weist die kausalen Effekte eines Antragsentscheides auf die kumulativen Gesundheitsausgaben in den ersten zwei Jahren nach Antragsstellung aus. Wir finden keine statistisch signifikanten Effekte von Rehageld, IP, Maßnahmen auf die Gesundheitsausgaben. Die Bearbeitungszeit scheint Heilmittel und Arztkosten leicht zu reduzieren. Insgesamt finden wir aber keine konsistenten Effekte auf die Gesundheitsausgaben.[16]

Wir haben die Analyse auch separate nach Krankheitsgrund gemacht und finden auch dort keine konsistenten Effekte. Die Tabellen dazu befinden sich ebenfalls im Appendix.

Tabelle 20: Kausaler Effekt auf Gesundheitsausgaben

Ausgaben in den ersten 2 Jahren nach Antrag:	Heilmittel	LKF Punkte	Arztkosten
Rehageld	-284.51 (1438.60)	631.91 (2278.56)	-903.24 (767.25)
IP	1071.00 (2336.92)	-1074.83 (2938.62)	-679.83 (926.61)
Bearbeitungszeit	-731.73* (399.58)	-596.40 (690.13)	-472.21*** (183.31)
Maßnahme	4805.04 (5976.64)	4803.00 (7686.75)	3189.57 (2778.70)
Mean	3110.90	5118.09	2454.63
Beobachtungen	14085	14085	14085

16 Die Resultate für das 1. und 2. Jahr nach Antrag sind separat ausgewiesen in Tabelle 33 und 34 im Appendix.

8 SCHLUSSFOLGERUNG

Dieser Projektbericht untersuchte die Auswirkungen der im Jänner 2014 in Kraft getretenen Reform „IP Neu“, welche umfassende Neuregelungen im Bereich der Invaliditätspension (IP) in die Wege geleitet hat. Für alle Personen, die am 1. Jänner 2014 das 50. Lebensjahr noch nicht vollendet haben, wurde die befristete IP abgeschafft. Ein Pensionsanspruch besteht für diese Personen nur mehr, wenn Invalidität bzw. Berufsunfähigkeit dauerhaft vorliegt und Maßnahmen der medizinischen oder beruflichen Rehabilitation nicht zweckmäßig oder nicht zumutbar sind. Anstelle dieser befristeten Pensionen wird Umschulungs- oder Rehabilitationsgeld gewährt und diesen Personen Maßnahmen der beruflichen und/oder medizinischen Rehabilitation zugewiesen, um ihre Arbeitsfähigkeit zu erhalten oder wiederzuerlangen.

Es zeigt sich, dass IP Neuzugänge bei den 20-49jährigen Männern und Frauen im Jahr 2014 sprunghaft abgenommen haben, und dass diese Reduktion von einer sprunghaften Zunahme des Bezugs von Rehabilitationsgeld begleitet ist. Umschulungsgeld wurde jedoch nur in verschwindend geringem Maß (im Zeitraum 2014-2018 nur 383 Fälle) in Anspruch genommen. Die Reduktion der Anzahl der IP Neuzugänge korrespondiert mit einer Reduktion der Anzahl IP Anträge. Der rückläufige Trend bei den IP Anträgen setzte allerdings bereits seit 2011 ein und fällt nicht direkt mit der Reform IP Neu zusammen.

Die negative Selektion der AntragsstellerInnen (in Bezug auf den Arbeitsmarkterfolg vor der Antragsstellung) hat sich seit 2014 verstärkt. Der/die durchschnittliche AntragsstellerIn der Jahre 2014-2017 bezog 5 Jahre vor dem Antrag ein niedrigeres Einkommen und war 5 Jahre vor dem Antrag mit geringerer Wahrscheinlichkeit beschäftigt als der/die durchschnittliche AntragsstellerIn der Jahre 2010-2013.

Die Arbeitsmarktsituation **nach** dem Antrag hat sich im Zug der Reform IP Neu (noch) nicht nachhaltig verbessert. Ein Vergleich aller AntragsstellerInnen des Jahres 2014 mit jenen des Jahres 2011 zeigt keine Unterschiede in der Beschäftigungsrate in den ersten 3 Jahren nach dem Antrag. Zwar schneiden AntragsstellerInnen des Jahres 2014, denen ein Rehageld zugesprochen wurde, im Vergleich zu AntragsstellerInnen des Jahres 2011, denen eine befristete IP zuerkannt wurde, etwas besser ab. (Erstere verzeichneten vor dem Antrag deutlich geringere Beschäftigungsraten als letztere, wiesen aber vier Jahre nach dem Antrag etwas höhere Beschäftigungsraten auf.) Die Beschäftigungsraten bewegen sich aber mit deutlich weniger als 10 Prozent auf sehr niedrigem Niveau.

Um den kausalen Effekt der Reform IP Neu auf den Arbeitsmarkterfolg bzw. die Zuerkennungen von Rehageld, IP und anderer Transfers abzuschätzen, verwenden wir drei unterschiedliche Ansätze: (i) Ein einfacher Vorher-Nachher Vergleich (2010-2013 vs. 2014-2017) in der Gesamtpopulation; (ii) eine Differenz-von-Differenzen Analyse, welche IP AntragsstellerInnen, die am 1. Jänner 2014 jünger als 50 Jahre alt waren (und daher unter die neuen Regeln von IP Neu fallen), mit IP AntragsstellerInnen, die am l. Jänner 2014 älter als 50 Jahre waren (und daher nicht von IP Neu betroffen sind), vergleicht; und schließlich (iii) eine Regressionsdiskontinuitäts-Analyse, welche auf einem Vergleich von Kohorten, welche im Jänner 1964 geboren wurden (und somit den Regeln von IP Neu unterliegen), mit Kohorten, welche im Dezember 1963 geboren sind (und nicht von IP Neu betroffen sind), basiert, und (iv) einer Instrumentalvariablen-Schätzung, welche auf der zufälligen Aufteilung von IP Anträgen auf medizinische GutachterInnen basiert, welche die IP Anträge unterschiedlich strikt beurteilen.

Jede dieser Methoden hat Vor- und Nachteile (da sie auf mehr oder weniger plausiblen, den kausalen Effekt identifizierenden Annahmen beruhen). Es ergibt sich aber ein konsistentes Bild. Die Reform IP Neu führte dazu, dass (1) weniger IP Anträge gestellt werden, (2) weniger IP zuerkannt werden, (3) die Reduktion der IP Zuerkennungen durch den Bezug von Rehageld kompensiert wird und (4) es kaum Beschäftigungseffekte gibt.

Ein möglicher Grund für die geringfügigen Arbeitsmarkteffekte von IP Neu ist, dass viele AntragsstellerInnen sich in Rehabilitation befinden und noch keinen Versuch unternommen haben, auf den Arbeitsmarkt zurückzukehren. Eine komplementäre Analyse des Effektes von IP Neu auf die Gesundheitsausgaben ergibt, dass die Gesundheitskosten (bis 8 Quartale nach dem Antrag) leicht zunehmen. Eine wahrscheinliche Erklärung für dieses Ergebnis ist, dass AntragsstellerInnen im Zuge der Rehamaßnahmen mehr medizinische Leistungen konsumieren. Es ist denkbar, dass diese Unterschiede längerfristig verschwinden oder sich gar umkehren, falls AntragsstellerInnen unter IP Neu verstärkt in Beschäftigung zurückkehren.

APPENDIX

9 APPENDIX

9.1 Appendix zu Kapitel 3

Abbildung 37: IP BezieherInnen unter 50 Jährige

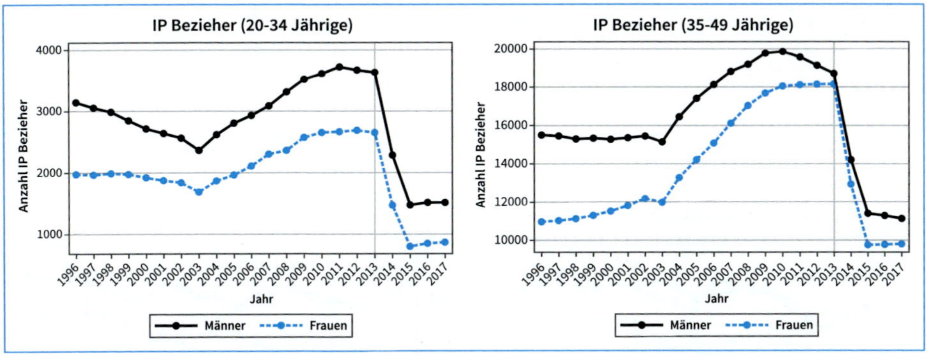

Quelle: Eigene Darstellung, berechnet aus Statistischem Handbuch des Hauptverbandes. Diese Grafik zeigt IP BezieherInnen in absoluten Zahlen im Vergleich zu den Anteilen wie gezeigt im Hauptteil. Die Abbildung mit den absoluten Zahlen sieht von den Trends her genau gleich aus wie bei den Anteilen.

Abbildung 38: IP BezieherInnen-Raten: OECD vs. eigene Berechnung

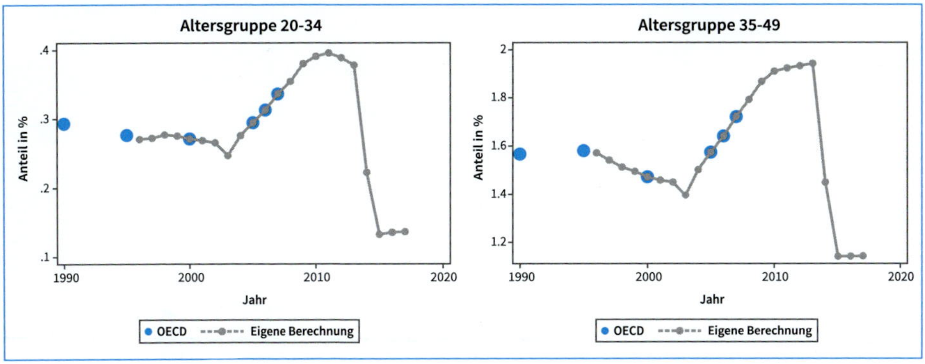

Die Abbildung vergleicht die IP BezieherInnen-Raten berechnet aus den Daten des Hauptverbandes mit den offiziellen OECD Statistiken und zeigt, dass die zwei Berechnungen gut übereinstimmen.

Abbildung 39: Beschäftigungsraten im internationalen Vergleich

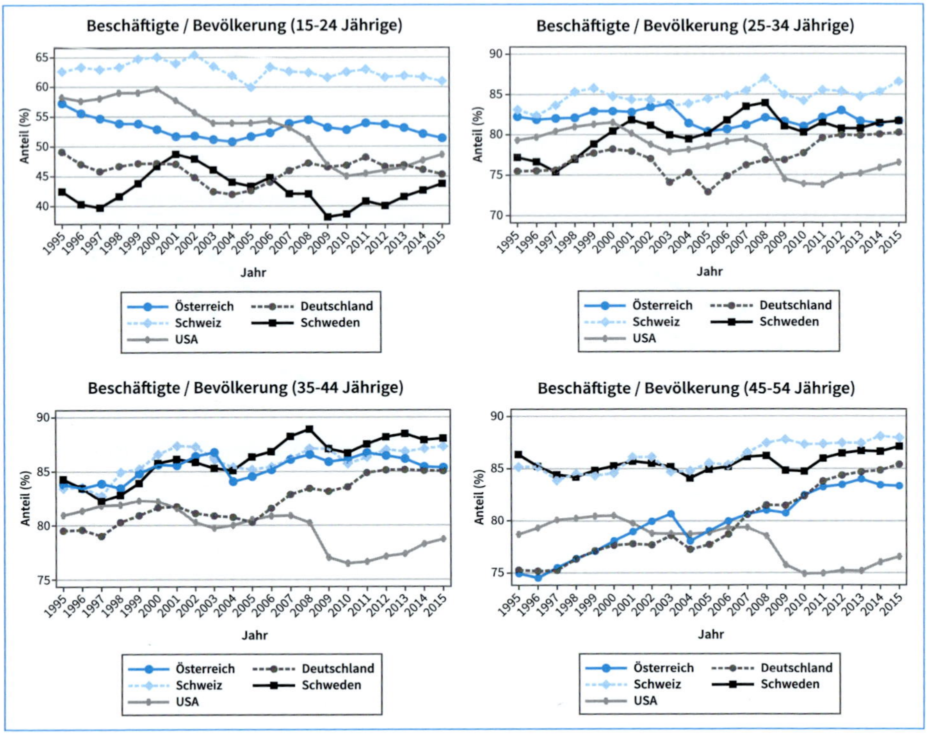

Abbildung 40: Beschäftigungsraten im internationalen Vergleich (Männer)

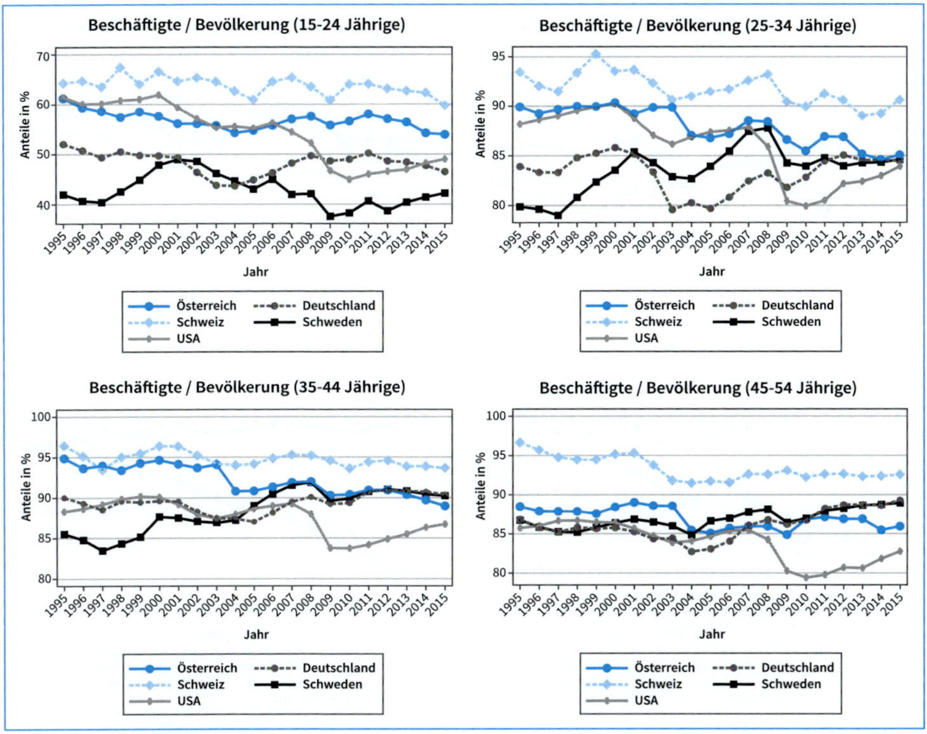

Abbildung 41: Beschäftigungsraten im internationalen Vergleich (Frauen)

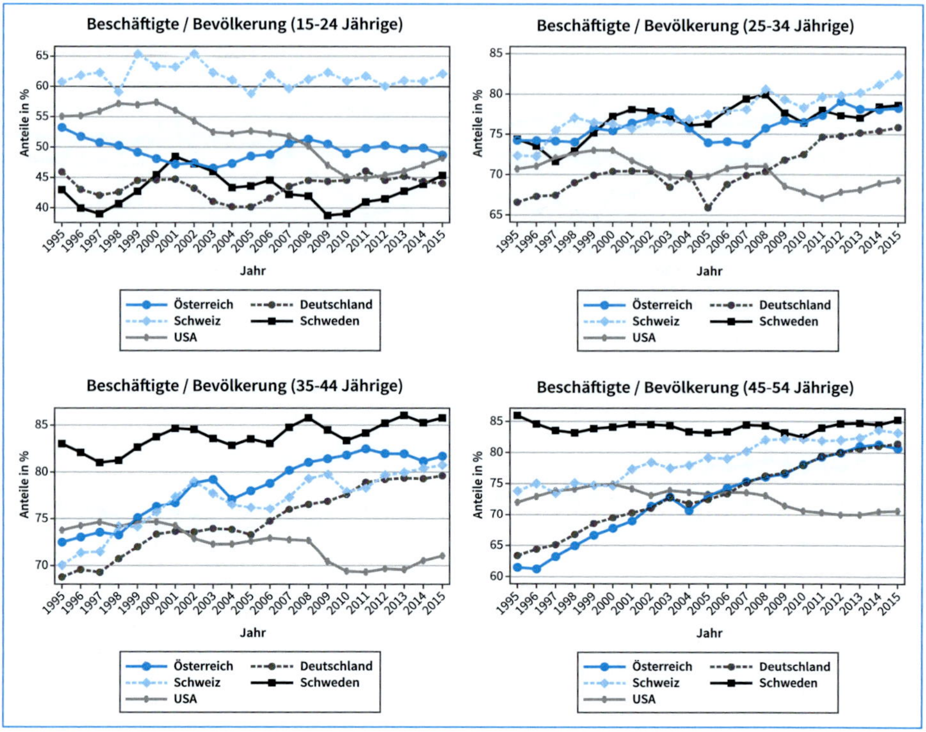

9.2 Appendix zu Kapitel 4

Abbildung 42: IP-Anträge und IP-Zuerkennungen im Alter 20-49 (CHECK)

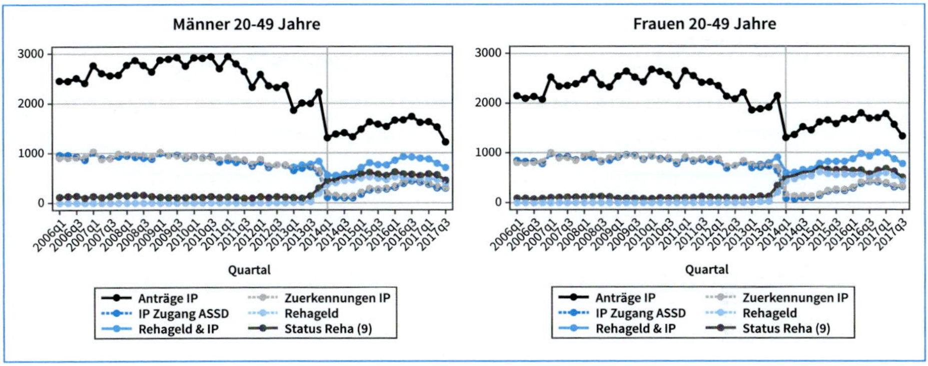

Abbildung 43: IP-Anträge und IP-Zuerkennungen bei den Jahrgängen 1964–1993

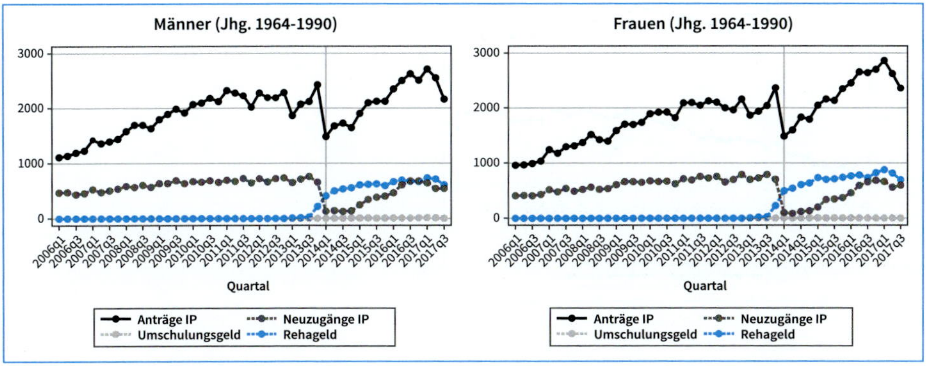

Abbildung 44: IP-Anträge und IP-Zuerkennungen im Alter 20-49 als Anteile an Bevölkerung

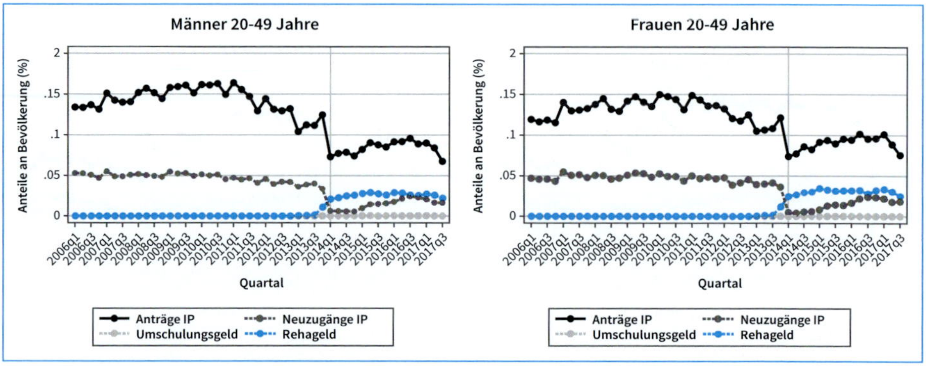

Abbildung 45: Trends in Beschäftigung OECD Daten

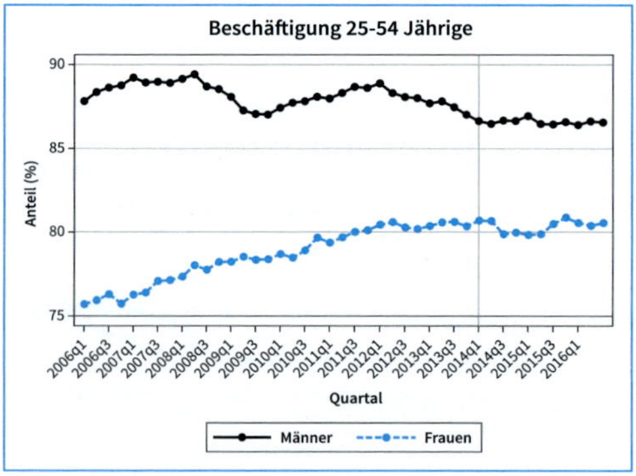

Abbildung 46: Arbeitsmarktstatus pre vs. post IP Neu Reform: alle Anträge

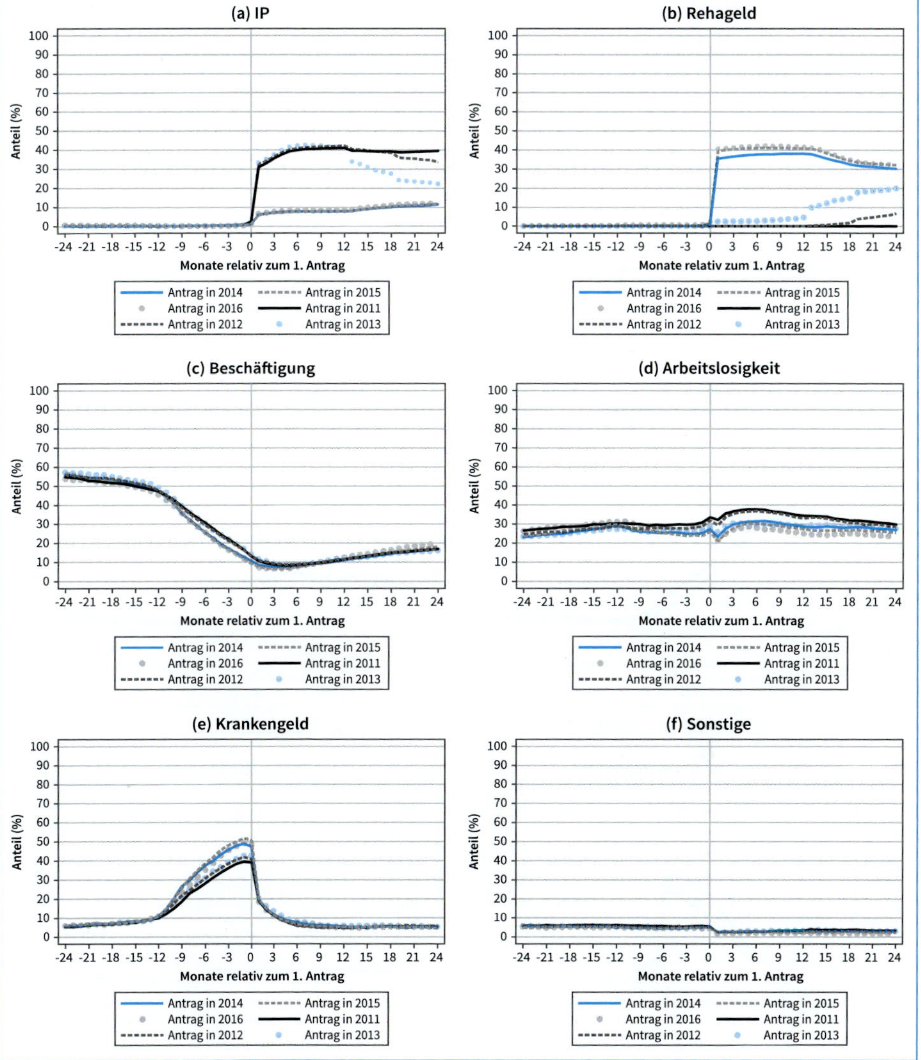

Abbildung 47: Arbeitsmarktstatus pre vs. post IP Neu Reform: Befristet vs. Rehageld

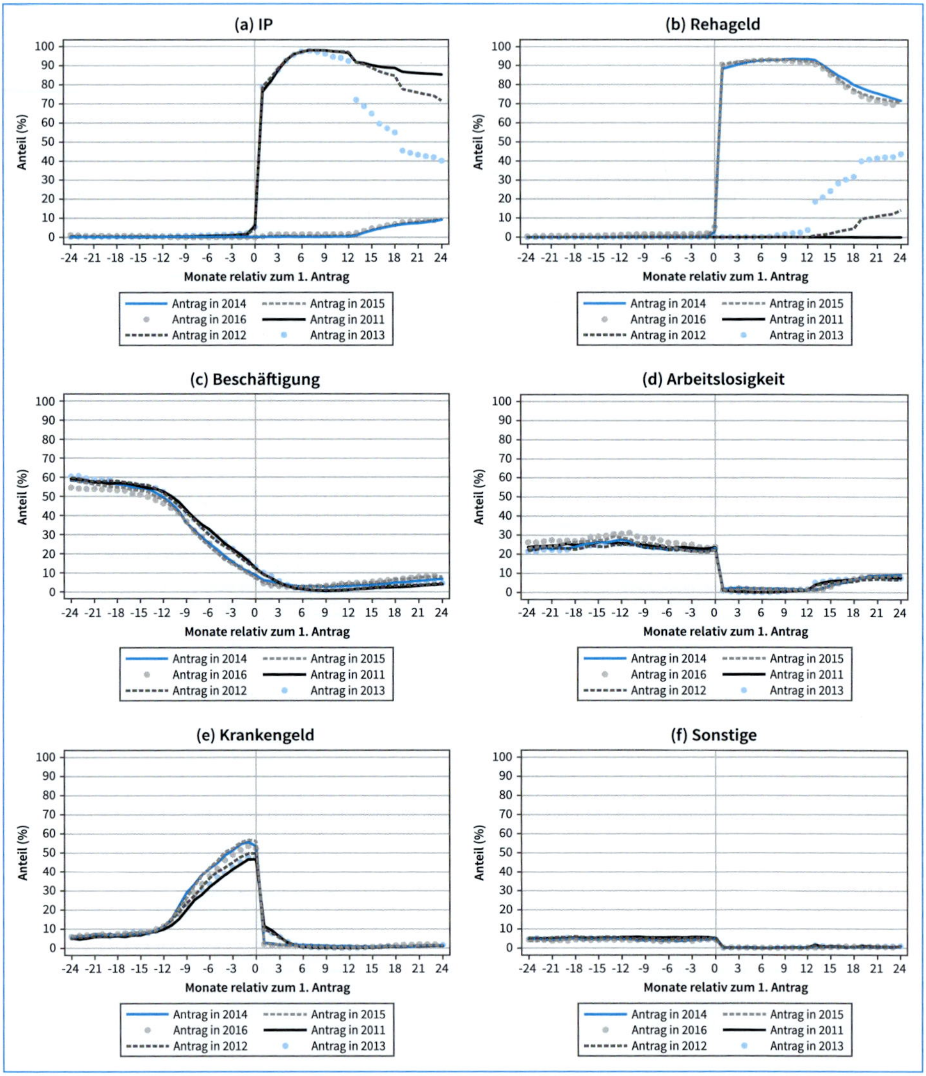

Abbildung 48: Arbeitsmarktstatus pre vs. post IP Neu Reform: Unbefristet

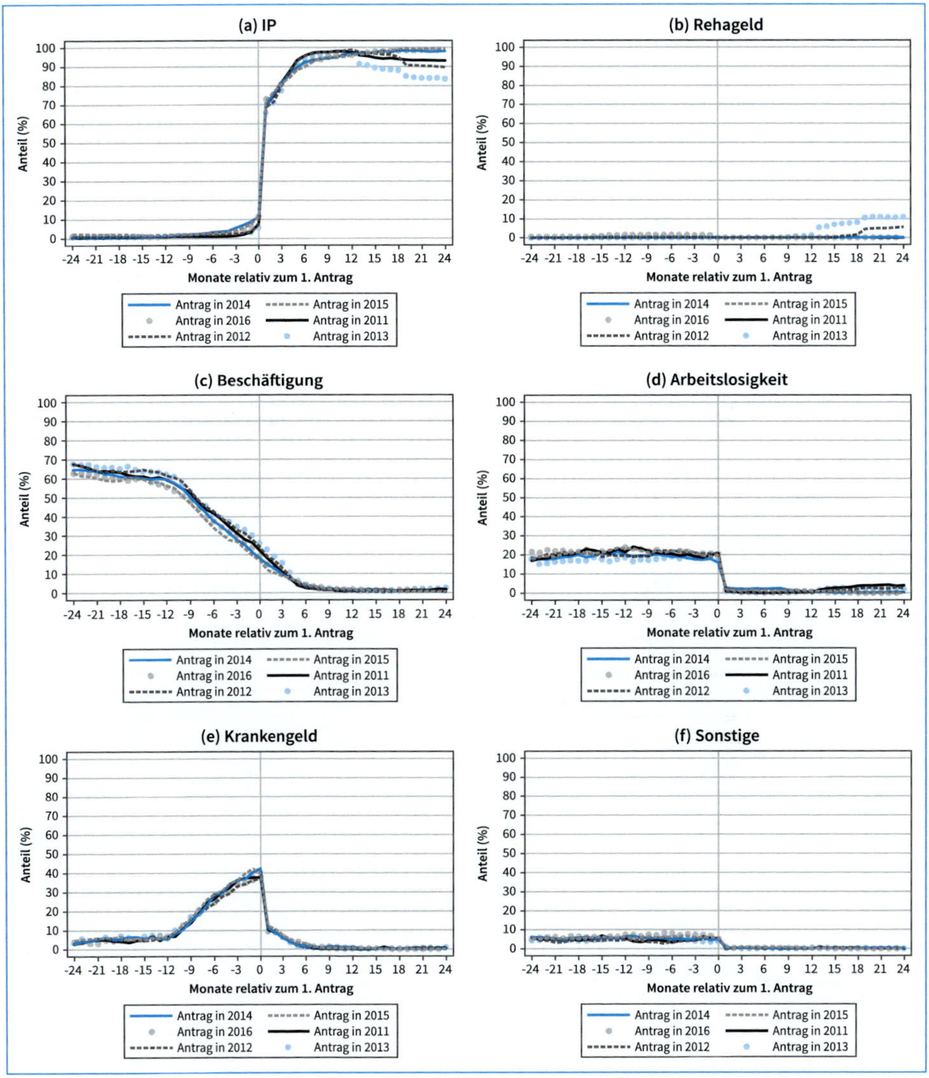

Abbildung 49: Arbeitsmarktstatus pre vs. post IP Neu Reform: alle Anträge über 50 Jährige

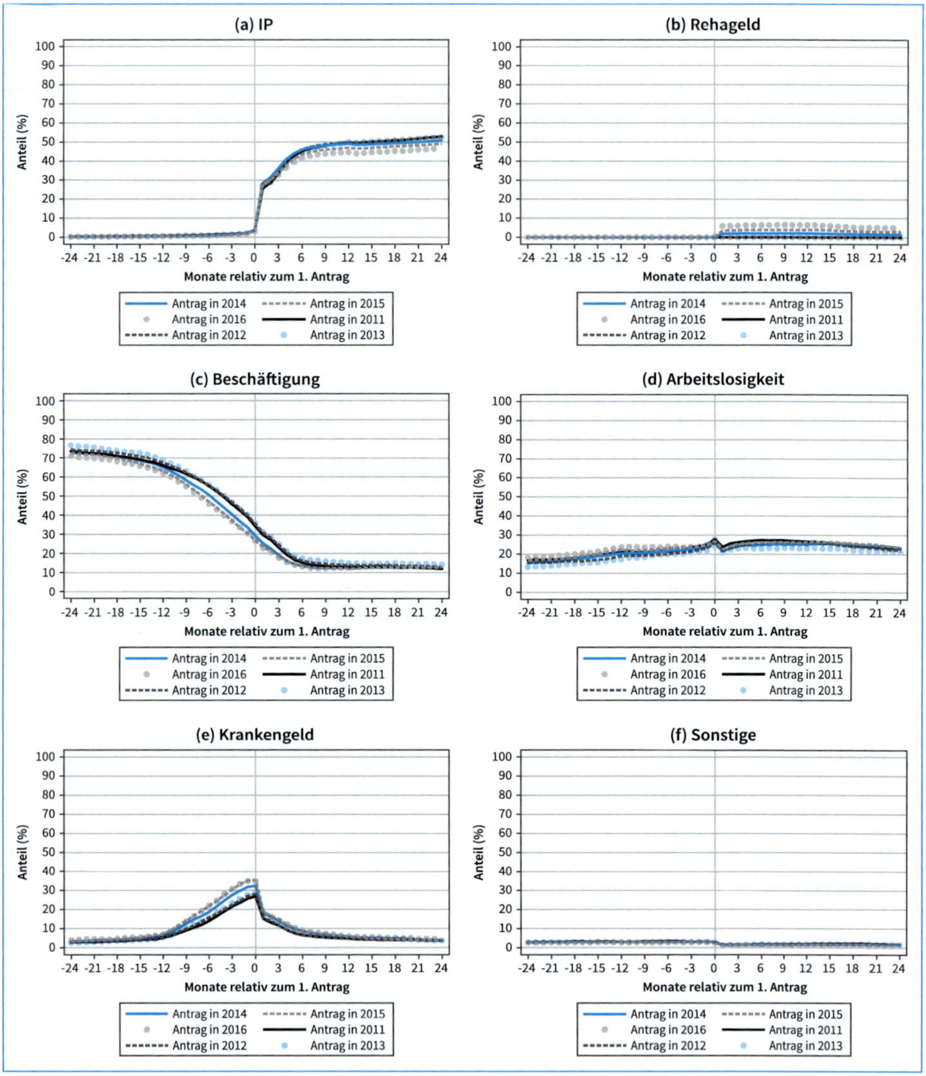

Abbildung 50: Gesundheitsausgaben: unter 50 Jährige (Balanced)

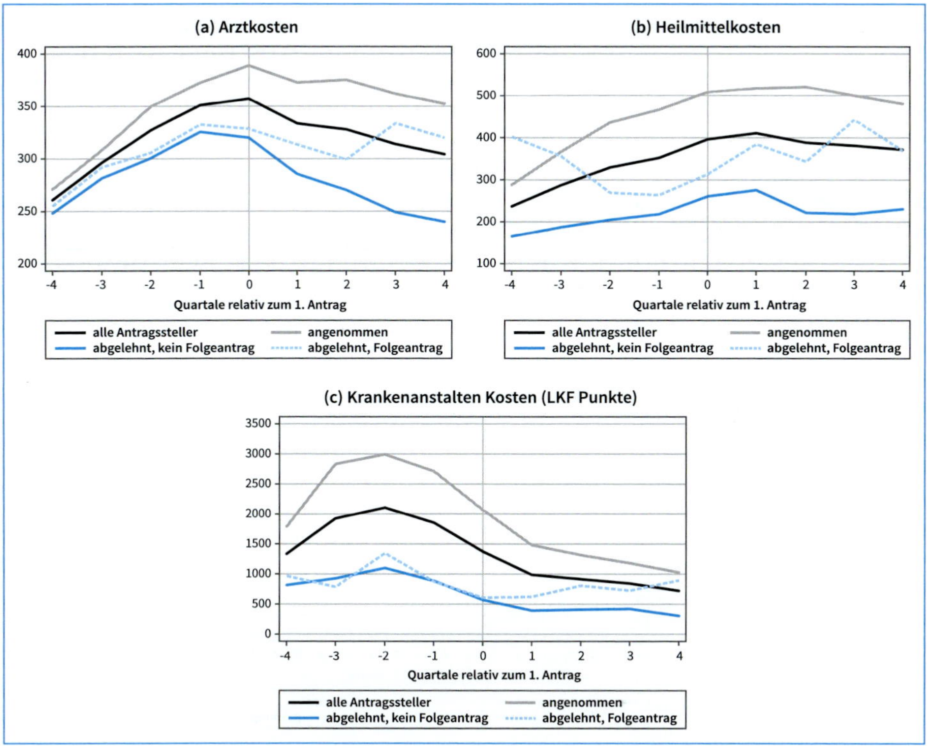

Abbildung 51: Median Gesundheitsausgaben: unter 50 Jährige

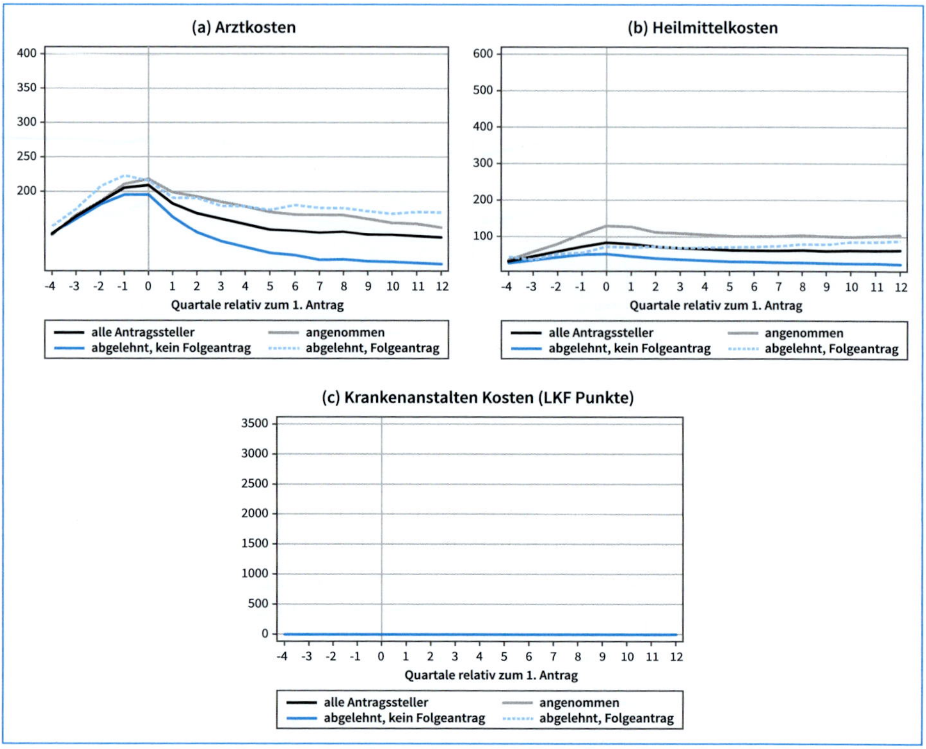

Abbildung 52: Median Gesundheitsausgaben: unter 50 Jährige, IP vs. Rehageld mit und ohne Maßnahme

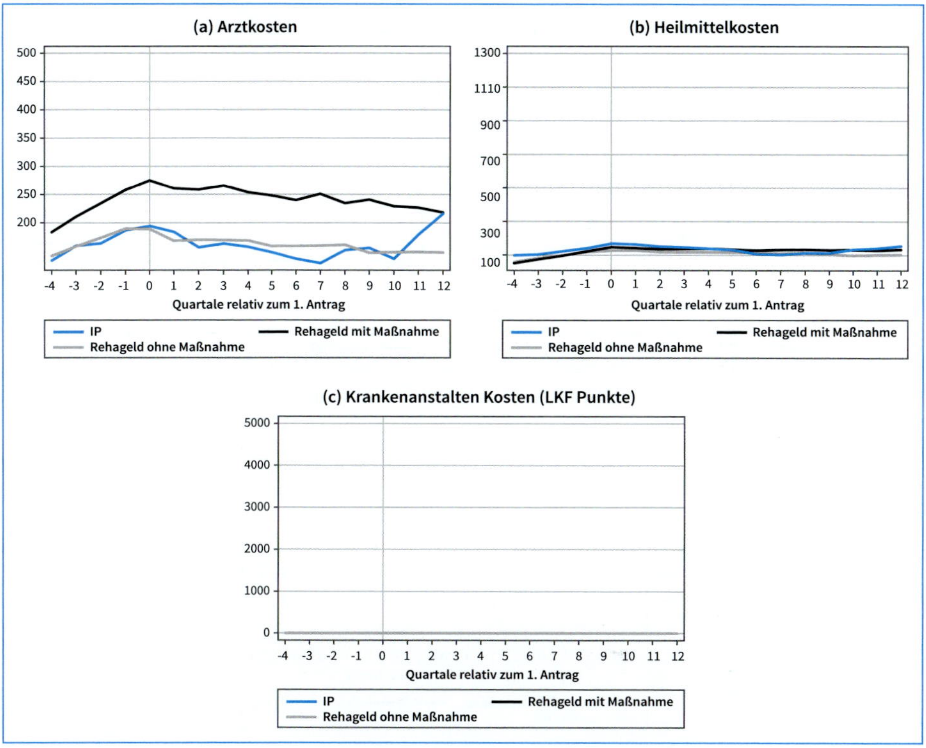

Abbildung 53: Median Gesundheitsausgaben: unter 50 Jährige nach Krankheitsgrund

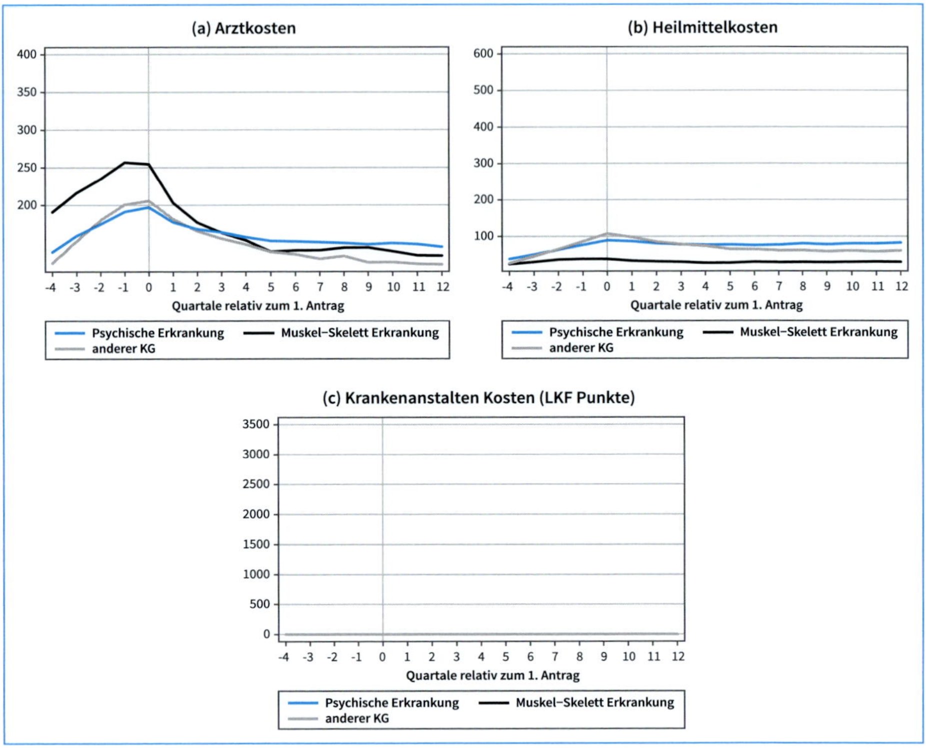

Abbildung 54: Median Gesundheitsausgaben: unter 50 Jährige, Antrag in 2013 vs. 2014

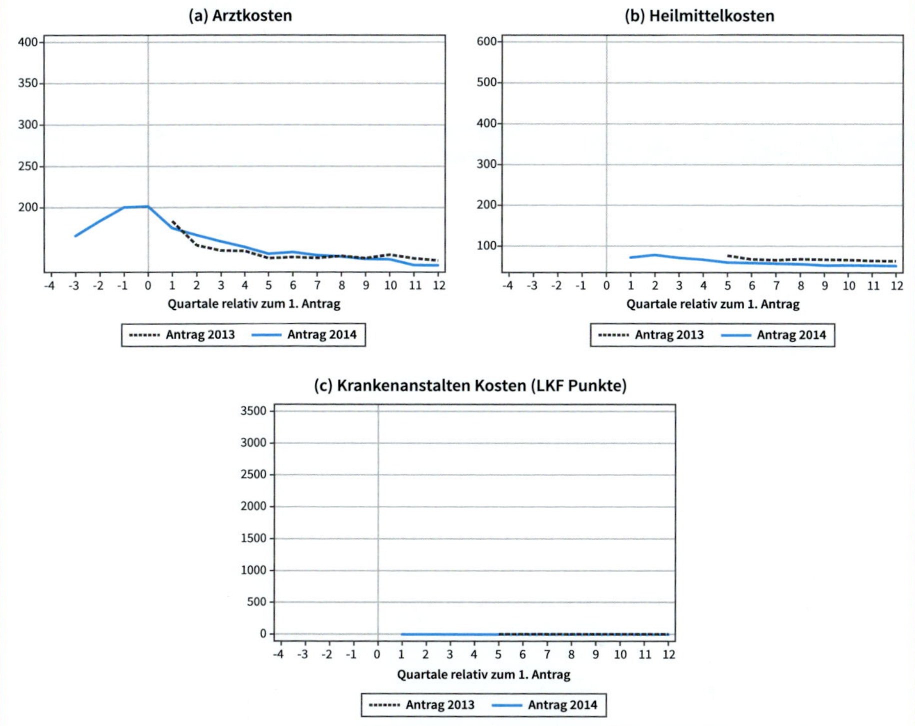

9.3 Appendix zu Kapitel 5

Tabelle 21: Psychische Erkrankungen: Auswirkungen von IP Neu auf (i) die Antragswahrscheinlichkeit, (ii) Bezug einer Invaliditätspension und (iii) Rehageldbezug

RD Schätzer	1 Jahr nach Antrag	2 Jahre nach Antrag	3 Jahre nach Antrag
A. Bezug IP			
Nach IP Neu	-47.44***	-42.85***	-37.48***
Durchschnitt vor IP Neu	58.48	57.47	57.25
B. Bezug IP befristet			
Nach IP Neu	-43.69***	-47.24***	-44.20***
Durchschnitt vor IP Neu	41.52	45.25	49.28
C. Bezug IP unbefristet			
Nach IP Neu	-3.75	4.40	6.72
Durchschnitt vor IP Neu	16.97	12.22	7.97
D. Bezug Rehageld			
Unter IP Neu	41.85***	35.32***	33.32***
Durchschnitt vor IP Neu	0.00	0.00	0.00

Abbildung 55: Diff-in-Diff Schätzer für (i) Beschäftigung, (ii) Krankengeldbezug, (iii) Arbeitslosigkeit und (iv) sonstige/übrige Zustände für einzelne Jahre mit Kontrolljahr 2011

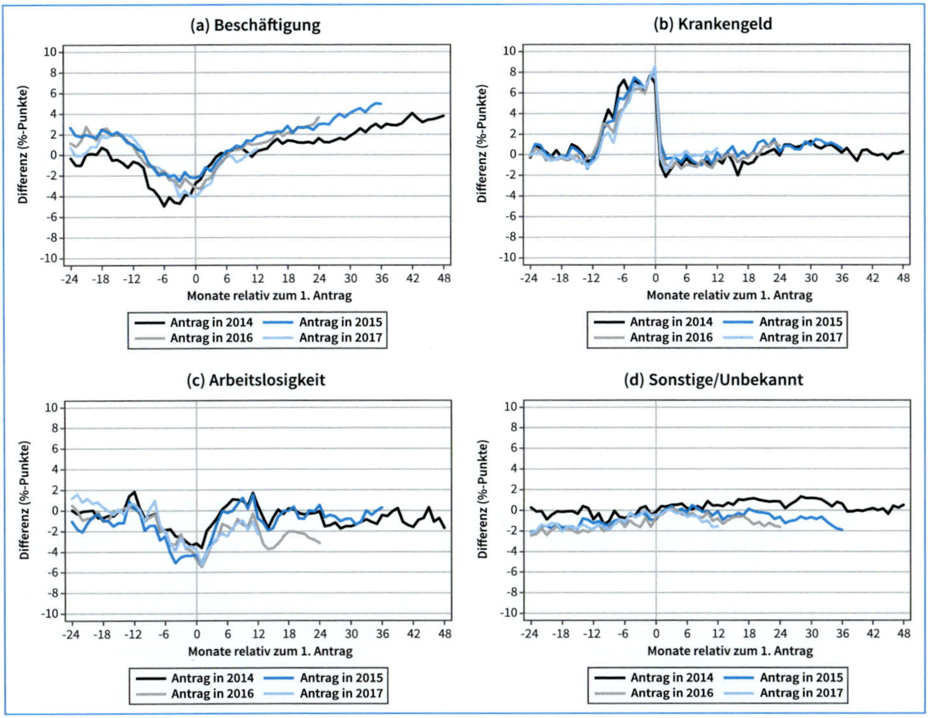

Abbildung 56: Diff-in-Diff Schätzer für (i) Beschäftigung, (ii) Krankengeldbezug, (iii) Arbeitslosigkeit und (iv) sonstige/übrige Zustände für einzelne Jahre mit Kontrolljahr 2013

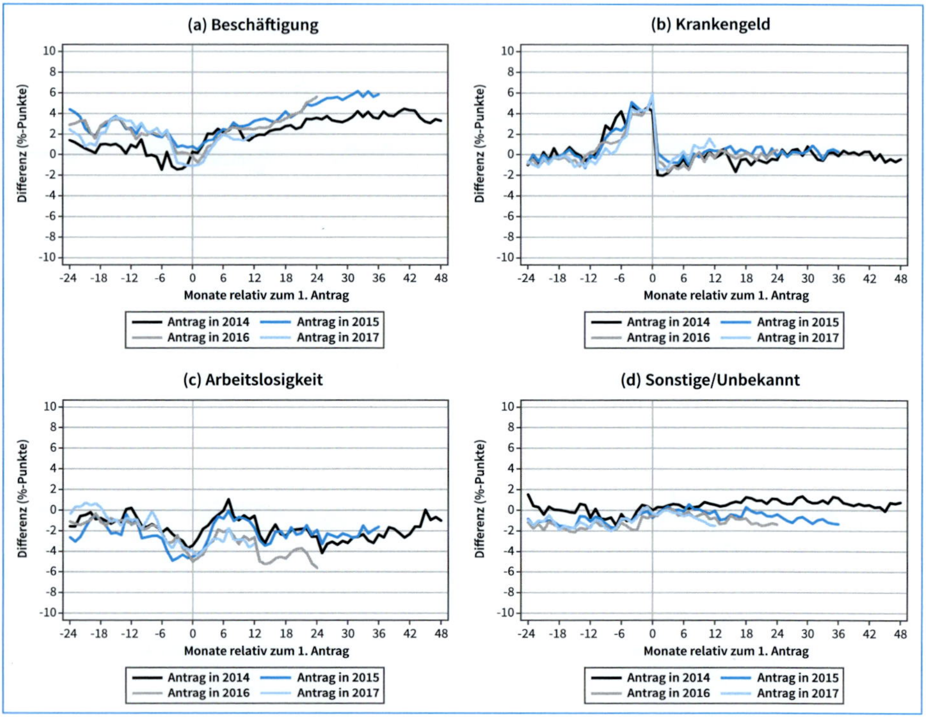

Abbildung 57: Placebo RDD (i) IP, (ii) Rehageld (Jahre 2010-2013)

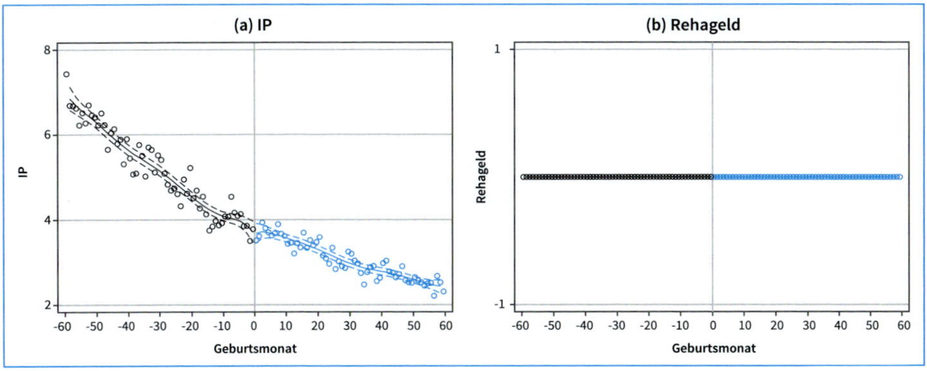

Tabelle 22: Psychische Erkrankungen: Auswirkungen von IP Neu auf (i) Beschäftigung, (ii) Arbeitslosigkeit, (iii) Krankengeld und (iv) sonstige/unbekannte Zustände

RD Schätzer	1 Jahr nach Antrag	2 Jahre nach Antrag	3 Jahre nach Antrag
A. Beschäftigung			
Nach IP Neu	3.77	0.41	1.35
Durchschnitt vor IP Neu	7.58	10.86	9.42
B. Arbeitslosigkeit			
Nach IP Neu	-2.36	-2.89	-8.12
Durchschnitt vor IP Neu	26.71	23.98	24.64
C. Krankengeld			
Nach IP Neu	-1.42	0.36	0.84
Durchschnitt vor IP Neu	4.33	3.62	2.90
D. Sonstiges/Unbekannt			
Nach IP Neu	5.45**	9.38***	9.46**
Durchschnitt vor IP Neu	2.89	4.07	5.07

Abbildung 58: Placebo RDD (i) Beschäftigung, (ii) Krankengeldbezug, (iii) Arbeitslosigkeit und (iv) sonstige/übrige Zustände (Jahre 2010-2013)

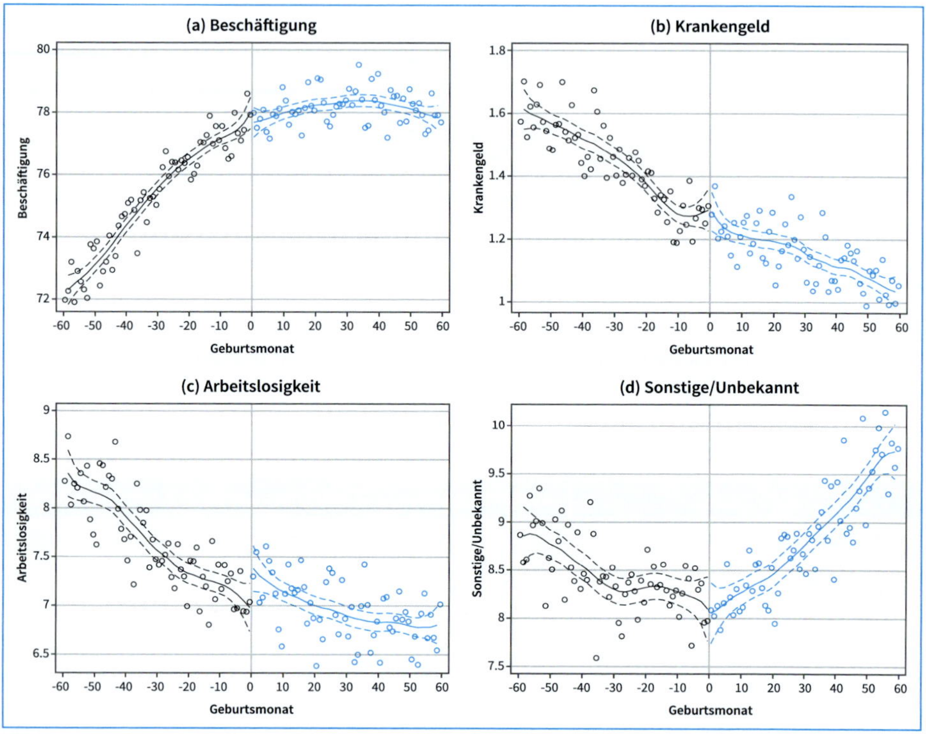

Abbildung 59: Placebo RDD (i) IP, (ii) Rehageld (2 Jahre nach Antrag, Jahre 2010-2013)

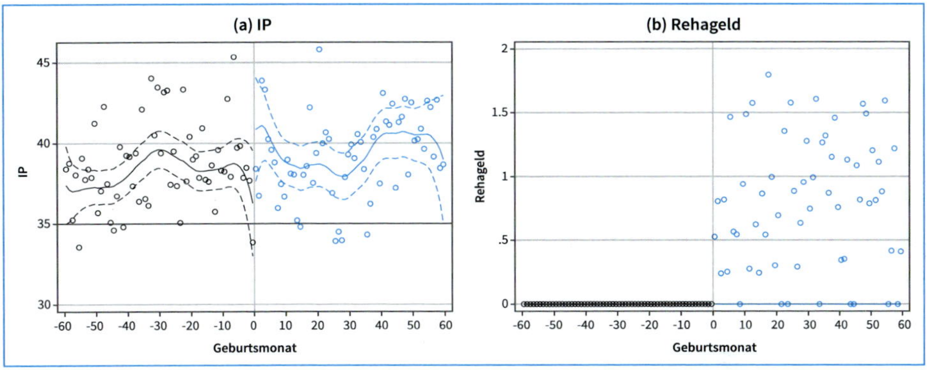

Tabelle 23: Muskel-Skelett-Erkrankungen: Auswirkungen von IP Neu auf (i) die Antragswahrscheinlichkeit, (ii) Bezug einer Invaliditätspension und (iii) Rehageldbezug

RD Schätzer	1 Jahr nach Antrag	2 Jahre nach Antrag	3 Jahre nach Antrag
A. Bezug IP			
Nach IP Neu	-6.26*	-2.84	-5.34
Durchschnitt vor IP Neu	16.23	17.09	20.66
B. Bezug IP befristet			
Nach IP Neu	-3.23	-3.51	-7.18*
Durchschnitt vor IP Neu	9.81	11.06	14.05
C. Bezug IP unbefristet			
Nach IP Neu	-3.03	0.67	1.84
Durchschnitt vor IP Neu	6.42	6.03	6.61
D. Bezug Rehageld			
Unter IP Neu	10.28***	9.64***	2.61
Durchschnitt vor IP	0.00	0.00	0.00

Abbildung 60: Placebo RDD (i) Beschäftigung, (ii) Krankengeldbezug, (iii) Arbeitslosigkeit und (iv) sonstige/übrige Zustände (2 Jahre nach Antrag, Jahre 2010-2013)

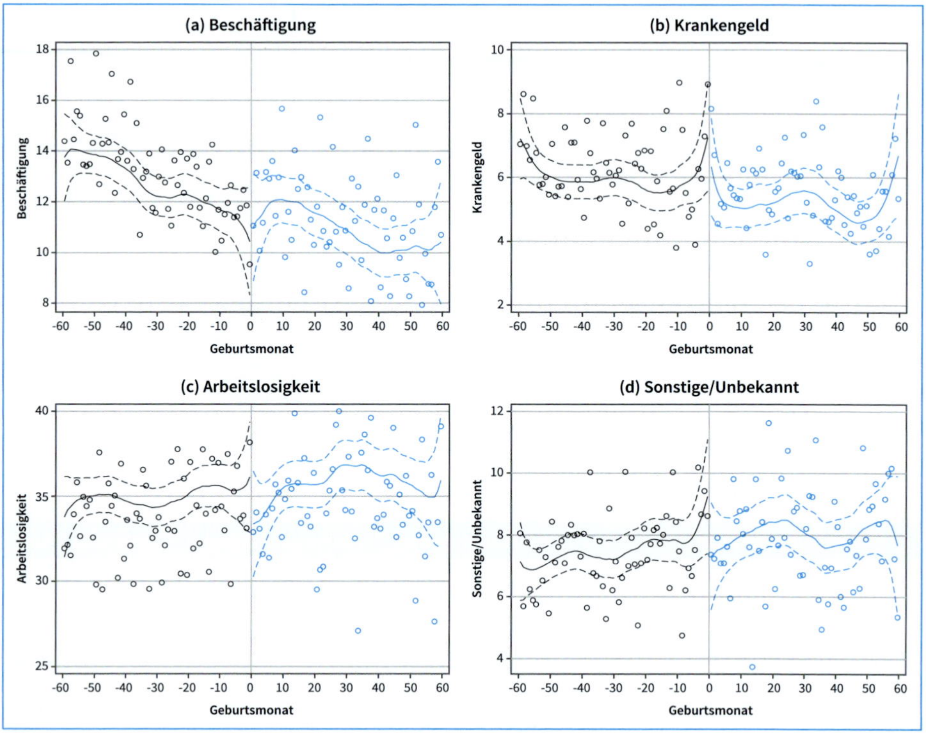

Tabelle 24: Muskel-Skelett-Erkrankungen: Auswirkungen von IP Neu auf (i) Beschäftigung, (ii) Arbeitslosigkeit, (iii) Krankengeld und (iv) sonstige/unbekannte Zustände

RD Schätzer	1 Jahr nach Antrag	2 Jahre nach Antrag	3 Jahre nach Antrag
A. Beschäftigung			
Nach IP Neu	-4.03	1.52	-16.12*
Durchschnitt vor IP Neu	22.26	27.64	26.45
B. Arbeitslosigkeit			
Nach IP Neu	3.08	-4.44	13.14
Durchschnitt vor IP Neu	43.77	40.70	37.19
C. Krankengeld			
Nach IP Neu	2.90	-3.35	1.30
Durchschnitt vor IP Neu	10.94	8.04	6.61
D. Sonstiges/Unbekannt			
Nach IP Neu	-5.15*	-0.40	6.13
Durchschnitt vor IP Neu	5.66	6.03	7.44

Tabelle 25: Andere Erkrankungen: Auswirkungen von IP Neu auf (i) die Antragswahrscheinlichkeit, (ii) Bezug einer Invaliditätspension und (iii) Rehageldbezug

RD Schätzer	1 Jahr nach Antrag	2 Jahre nach Antrag	3 Jahre nach Antrag
A. Bezug IP			
Nach IP Neu	-38.97***	-19.11***	-7.46
Durchschnitt vor IP Neu	57.48	51.34	50.78
B. Bezug IP befristet			
Nach IP Neu	-36.53***	-31.92***	-34.85***
Durchschnitt vor IP Neu	37.41	36.16	38.28
C. Bezug IP unbefristet			
Nach IP Neu	-2.43	12.81*	27.39***
Durchschnitt vor IP Neu	20.07	15.18	12.50
D. Bezug Rehageld			
Unter IP Neu	27.63***	15.85***	8.13**
Durchschnitt vor IP Neu	0.00	0.00	0.00

Tabelle 26: Andere Erkrankungen: Auswirkungen von IP Neu auf (i) Beschäftigung, (ii) Arbeitslosigkeit, (iii) Krankengeld und (iv) sonstige/unbekannte Zustände

RD Schätzer	1 Jahr nach Antrag	2 Jahre nach Antrag	3 Jahre nach Antrag
A. Beschäftigung			
Nach IP Neu	-1.81	-1.46	-2.55
Durchschnitt vor IP Neu	10.88	14.29	16.41
B. Arbeitslosigkeit			
Nach IP Neu	8.72	1.65	1.70
Durchschnitt vor IP Neu	22.11	24.11	21.88
C. Krankengeld			
Nach IP Neu	-0.05	-3.36	-4.41
Durchschnitt vor IP Neu	6.12	6.70	5.47
D. Sonstiges/Unbekannt			
Nach IP Neu	4.83*	6.53*	2.50
Durchschnitt vor IP Neu	3.06	3.57	5.47

Tabelle 27: Psychische Erkrankungen: Auswirkungen von IP Neu auf (i) Arztkosten, (ii) Heilmittelkosten, (iii) Krankenanstalten LKF Punkte (iv) Rehamaßnahmen

RD Schätzer Zeit nach Antrag	2. Quartal	4. Quartal	6. Quartal	8. Quartal
A. Reha Maßnahme (%-Punkte)				
Nach IP Neu	-0.46	-0.74	0.53	1.28
Durchschnitt vor IP Neu	7.49	12.75	15.95	19.48
B. Arztkosten				
Nach IP Neu	71.98	96.39*	144.64***	103.44**
Durchschnitt vor IP Neu	369.64	339.54	249.78	265.53
C. Heilmittelkosten				
Nach IP Neu	180.40	-111.04	124.55	38.69
Durchschnitt vor IP Neu	567.54	684.65	437.27	448.00
D. Krankenanstalten LKF Punkte				
Nach IP Neu	-48.10	115.27	444.77	15.47
Durchschnitt vor IP Neu	1689.68	737.42	1141.28	841.63

Tabelle 28: Muskel-Skelett-Erkrankungen: Auswirkungen von IP Neu auf (i) Arztkosten, (ii) Heilmittelkosten, (iii) Krankenanstalten LKF Punkte (iv) Rehamaßnahmen

RD Schätzer Zeit nach Antrag:	2. Quartal	4. Quartal	6. Quartal	8. Quartal
A. Reha Maßnahme (%-Punkte)				
Nach IP Neu	0.98	2.85	6.80	7.46
Durchschnitt vor IP Neu	10.91	15.71	18.94	21.33
B. Arztkosten				
Nach IP Neu	71.98	96.39*	144.64***	103.44**
Durchschnitt vor IP Neu	369.64	339.54	249.78	265.53
C. Heilmittelkosten				
Nach IP Neu	180.40	-111.04	124.55	38.69
Durchschnitt vor IP Neu	567.54	684.65	437.27	448.00
D. Krankenanstalten LKF Punkte				
Nach IP Neu	-48.10	115.27	444.77	15.47
Durchschnitt vor IP Neu	1689.68	737.42	1141.28	841.63

Tabelle 29: Andere Erkrankungen: Auswirkungen von IP Neu auf (i) Arztkosten, (ii) Heilmittelkosten, (iii) Krankenanstalten LKF Punkte (iv) Rehamaßnahmen

RD Schätzer Zeit nach Antrag:	2. Quartal	4. Quartal	6. Quartal	8. Quartal
A. Reha Maßnahme (%-Punkte)				
Nach IP Neu	3.06	9.18**	7.47*	6.39
Durchschnitt vor IP Neu	7.51	12.27	15.60	18.66
B. Arztkosten				
Nach IP Neu	71.98	96.39*	144.64***	103.44**
Durchschnitt vor IP Neu	369.64	339.54	249.78	265.53
C. Heilmittelkosten				
Nach IP Neu	180.40	-111.04	124.55	38.69
Durchschnitt vor IP Neu	567.54	684.65	437.27	448.00
D. Krankenanstalten LKF Punkte				
Nach IP Neu	-48.10	115.27	444.77	15.47
Durchschnitt vor IP Neu	1689.68	737.42	1141.28	841.63

9.4 Appendix zu Kapitel 7

Tabelle 30: Balance Test Maßnahme (Jahrgang ≥ 1964)

	Maßnahme		Maßnahmex1964	
Individuelle Charakteristiken				
Frau	0.0235***	(0.0029)	0.0003	(0.0004)
Österreicher	-0.0156***	(0.0039)	-0.0003	(0.0005)
Alter				
20-24	-0.0024	(0.0225)	-0.0007	(0.0022)
25-29	-0.0188	(0.0220)	-0.0013	(0.0023)
30-34	-0.0066	(0.0212)	-0.0004	(0.0022)
35-39	0.0069	(0.0220)	-0.0007	(0.0025)
40-44	-0.0008	(0.0218)	-0.0004	(0.0024)
45-49	0.0051	(0.0216)	-0.0012	(0.0025)
50-54	-0.0012	(0.0221)	-0.0019	(0.0025)
Arbeitsmarkt Charakteristiken				
Jahreseinkommen 5 Jahre vor Antrag	0.0013***	(0.0001)	0.0000**	(0.0000)
Arbeitslos 1 Jahr vor Antrag	-0.0228***	(0.0033)	-0.0010**	(0.0005)
Krankenstand 1 Jahr vor Antrag	0.0058	(0.0050)	-0.0006	(0.0005)
Gesundheitsausgaben (in 1000 Euro)				
Arztkosten	0.0026**	(0.0011)	0.0002	(0.0002)
Medikamentenkosten	0.0009	(0.0009)	0.0000	(0.0001)
Krankenanstalten LKF Punkte	0.0007**	(0.0003)	0.0000	(0.0000)
Bundesland X Jahr FE	JA		JA	
Krankheitsgrund FE	JA		JA	
Anzahl Beobachtungen	**34304**		**34304**	

Abbildung 61: IP-Antragsprozess

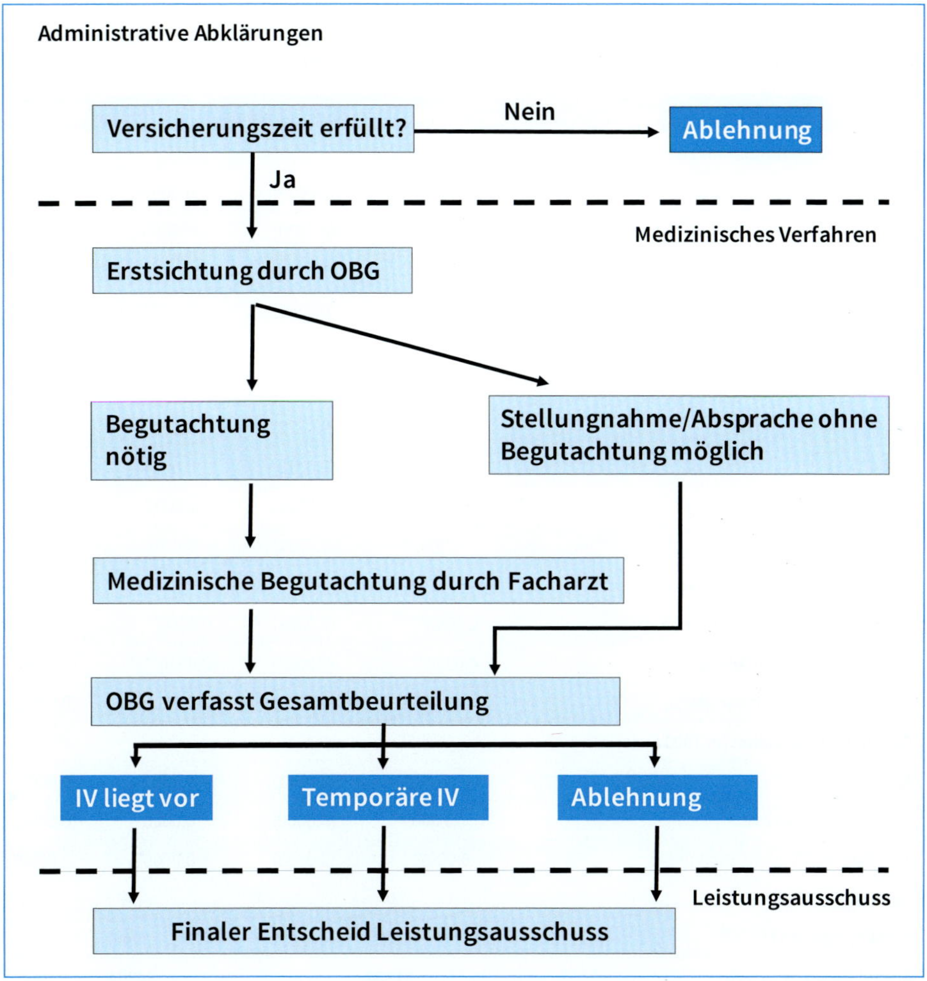

Bemerkungen: Bei einem Antrag auf IP wird zuerst anhand der Beitragsgeschichte geprüft, ob die Wartezeit erfüllt ist. Falls dies der Fall ist, wird das medizinische Verfahren eingeleitet. Es wird eine Erstsichtung durch den/die OberbegutachterIn (OBG) durchgeführt und entschieden, ob eine medizinische Begutachtung nötig ist oder ob der Fall mit den vorhandenen Dokumenten bereits entschieden werden kann. Bei weiterem Abklärungsbedarf wird eine Begutachtung durch einen Fachspezialisten bzw. eine Fachspezialistin durchgeführt. Wenn alle nötigen Informationen vorhanden sind, verfasst der/die OBG eine Gesamtbeurteilung, welche die medizinische Entscheidung des Falles beinhaltet. Dieser Entscheid wird noch durch den Leistungsausschuss überprüft, was schließlich zum finalen Entscheid führt. Die Anträge werden quasi-zufällig auf die OBG verteilt. Die OBG sind, was wir im Hauptteil als GutachterInnen bezeichnen.

Tabelle 31: Balance Test IP (Jahrgang ≥ 1964)

	IP		1Px1964	
Individuelle Charakteristiken				
Frau	-0.0396***	(0.0036)	0.0008	(0.0009)
Österreicher	-0.0178***	(0.0040)	-0.0023*	(0.0013)
Alter				
20-24	0.0516***	(0.0124)	0.0077*	(0.0043)
25-29	0.0822***	(0.0130)	0.0061	(0.0043)
30-34	0.1163***	(0.0137)	0.0038	(0.0045)
35-39	0.1275***	(0.0126)	0.0040	(0.0044)
40-44	0.1376***	(0.0135)	0.0024	(0.0044)
45-49	0.1515***	(0.0137)	0.0005	(0.0045)
50-54	0.1754***	(0.0151)	-0.0023	(0.0046)
Arbeitsmarkt Charakteristiken				
Jahreseinkommen 5 Jahre vor Antrag	-0.0015***	(0.0002)	0.0001*	(0.0000)
Arbeitslos 1 Jahr vor Antrag	-0.1058***	(0.0079)	-0.0040***	(0.0013)
Krankenstand 1 Jahr vor Antrag	-0.0889***	(0.0081)	-0.0034**	(0.0015)
Gesundheitsausgaben (in 1000 Euro)				
Arztkosten	0.0139***	(0.0025)	-0.0001	(0.0003)
Medikamentenkosten	0.0063***	(0.0011)	0.0003**	(0.0002)
Krankenanstalten LKF Punkte	0.0008***	(0.0003)	0.0002**	(0.0001)
Bundesland X Jahr FE	JA		JA	
Krankheitsgrund FE	JA		JA	
Anzahl Beobachtungen	**34304**		**34304**	

Tabelle 32: Balance Test Time (Jahrgang ≥ 1964)

	Time		Timex1964	
Individuelle Charakteristiken				
Frau	-0.0230	(0.0174)	0.0201***	(0.0051)
Österreicher	0.1971***	(0.0278)	0.0219***	(0.0081)
Alter				
20-24	-0.3457***	(0.1330)	-0.0216	(0.0308)
25-29	-0.2907**	(0.1341)	-0.0017	(0.0359)
30-34	-0.2874**	(0.1356)	0.0051	(0.0343)
35-39	-0.2279*	(0.1349)	0.0278	(0.0377)
40-44	-0.2908**	(0.1382)	0.0221	(0.0372)
45-49	-0.2493*	(0.1374)	0.0310	(0.0378)
50-54	-0.2550*	(0.1378)	0.0542	(0.0392)
Arbeitsmarkt Charakteristiken				
Jahreseinkommen 5 Jahre vor Antrag	0.0001	(0.0007)	0.0006***	(0.0002)
Arbeitslos 1 Jahr vor Antrag	0.1627***	(0.0299)	-0.0074	(0.0090)
Krankenstand 1 Jahr vor Antrag	0.0596*	(0.0323)	0.0010	(0.0074)
Gesundheitsausgaben (in 1000 Euro)				
Arztkosten	0.0008	(0.0093)	0.0030	(0.0028)
Medikamentenkosten	-0.0135***	(0.0033)	0.0002	(0.0010)
Krankenanstalten LKF Punkte	-0.0046***	(0.0009)	0.0007***	(0.0003)
Bundesland X Jahr FE	JA		JA	
Krankheitsgrund FE	JA		JA	
Anzahl Beobachtungen	**34304**		**34304**	

Abbildung 62: Residual Variation der Instrumente

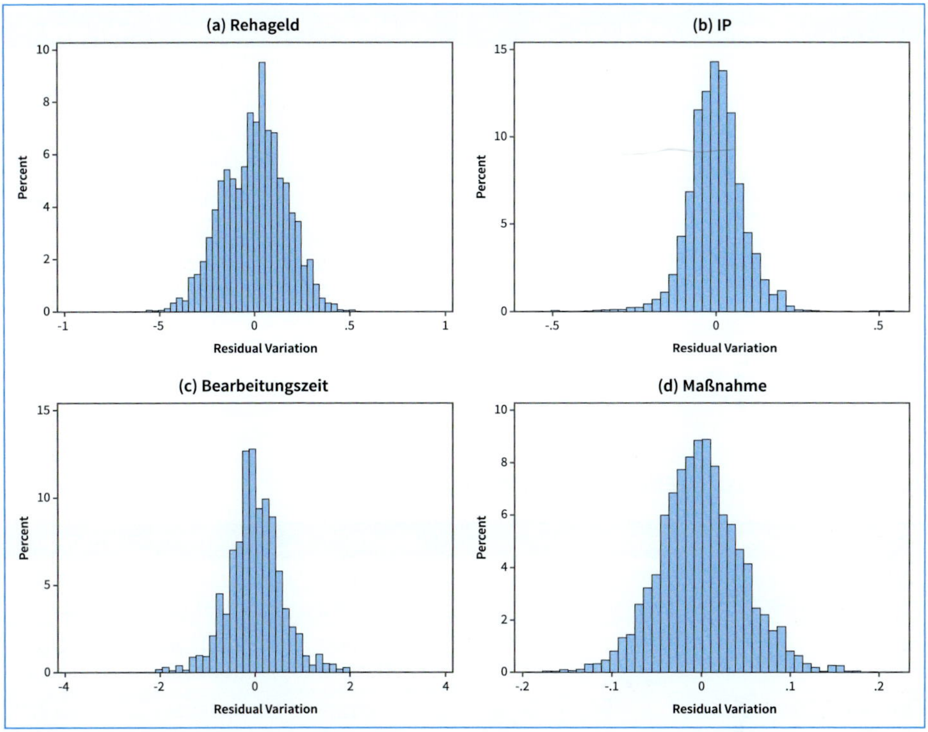

Tabelle 33: Kausaler Effekt auf Gesundheitsausgaben

Ausgaben 1 Jahr nach Antrag:	Heilmittel	LKF Punkte	Arztkosten
Rehageld	-62.33 (506.39)	-1275.05 (1262.75)	-223.58 (236.53)
IP	14.63 (824.46)	3766.53 (2342.91)	-180.52 (265.31)
Bearbeitungszeit	-167.66 (111.66)	57.13 (163.76)	-102.84** (43.91)
Maßnahme	3796.85 (3027.77)	7654.53* (4422.85)	928.45 (1175.24)
Mean	1524.53	2827.80	1265.94
Beobachtungen	27805	27805	27805

Tabelle 34: Kausaler Effekt auf Gesundheitsausgaben

Ausgaben 2 Jahre nach Antrag:	Heilmittel	LKF Punkte	Arztkosten
Rehageld	110.47 (817.91)	1447.06 (1193.12)	-235.67 (398.55)
IP	1229.53 (1375.45)	-2019.20 (1472.25)	-380.58 (481.67)
Bearbeitungszeit	-232.76 (232.20)	141.24 (358.64)	-198.31** (91.70)
Maßnahme	1916.37 (3311.32)	1941.25 (4406.30)	1927.45 (1269.60)
Mean	1600.84	2501.23	1191.04
Beobachtungen	14117	14117	14117

Tabelle 35: First Stage: Psychische Erkrankungen

	Rehageld	IP	Bearbeitungszeit	Maßnahme
EXRG	0.6948***	0.0214	-0.7307***	0.0086
Standard Fehler	(0.0550)	(0.0193)	(0.0199)	
t-Statistik	12.63	1.11	-5.19	0.43
EXIP	0.0001	0.6814***	-0.1243	-0.0528
Standard Fehler	(0.0776)	(0.0413)	(0.1902)	(0.0407)
t-Statistik	0.00	16.50	-0.65	-1.30
EXBZ	-0.0161	-0.0326***	0.6870***	-0.0034
Standard Fehler	(0.0145)	(0.0097)	(0.0436)	(0.0057)
t-Statistik	-1.11	-3.36	15.77	-0.60
EXRM	-0.0504	-0.2021**	0.6308	0.3068**
Standard Fehler	(0.2001)	(0.0852)	(0.4418)	(0.1337)
t-Statistik	-0.25	-2.37	1.43	2.29
R^2	0.13	0.09	0.19	0.02
N	17215	17215	17215	17215

Tabelle 36: First Stage: Muskel-Skelett-Erkrankungen

	Rehageld	IP	Bearbeitungszeit	Maßnahme
EXRG	-0.0190	-0.0109	0.9738***	-0.0329
Standard Fehler	(0.0630)	(0.0343)	(0.0342)	
t-Statistik	-0.30	-0.32	3.42	-0.96
EXIP	0.1643	0.2265***	1.1698**	0.0484
Standard Fehler	(0.1583)	(0.0778)	(0.5923)	(0.0737)
t-Statistik	1.04	2.91	1.98	0.66
EXBZ	-0.0225	0.0024	0.5864***	-0.0079
Standard Fehler	(0.0171)	(0.0072)	(0.0638)	(0.0060)
t-Statistik	-1.32	0.34	9.19	-1.31
EXRM	0.3427	-0.1669	-1.7929**	0.2168
Standard Fehler	(0.2462)	(0.1147)	(0.8493)	(0.1388)
t-Statistik	1.39	-1.46	-2.11	1.56
R2	0.10	0.11	0.31	0.04
N	7933	7933	7933	7933

Tabelle 37: First Stage: andere Erkrankungen

	Rehageld	IP	Bearbeitungszeit	Maßnahme
EXRG	0.4427***	0.0585	0.0498	0.0931**
Standard Fehler	(0.0625)	(0.0458)	(0.0404)	
t-Statistik	7.09	1.28	0.24	2.30
EXIP	-0.1515	0.7128***	0.2352	0.1457**
Standard Fehler	(0.0974)	(0.0776)	(0.3782)	(0.0650)
t-Statistik	-1.55	9.18	0.62	2.24
EXBZ	0.0159	-0.0164	0.6469***	-0.0018
Standard Fehler	(0.0147)	(0.0125)	(0.0577)	(0.0083)
t-Statistik	1.08	-1.31	11.22	-0.21
EXRM	0.6422***	0.0159	-1.7825***	0.2060
Standard Fehler	(0.1929)	(0.1192)	(0.5292)	(0.1265)
t-Statistik	3.33	0.13	-3.37	1.63
R2	0.14	0.07	0.21	0.05
N	10738	10738	10738	10738

Tabelle 38: Kausaler Effekt auf Arbeitseinkommen: Psychische Erkrankungen

Arbeitseinkommen (Euro) nach Antrag	1. Jahr	2. Jahr	3. Jahr
Rehageld	-1735*** (617)	-796 (1235)	-925 (2868)
IP	-1111 (1468)	-2855* (1663)	-5965 (4327)
Bearbeitungszeit	255 (207)	363 (297)	-77 (868)
Med. Maßnahme	1329 (5571)	-9224 (7024)	-19123 (16221)
Durchschn. Arbeitseinkommen	1947	2707	3273
Beobachtungen	15324	11520	5706

Tabelle 39: Kausaler Effekt auf Arbeitseinkommen: Muskel-Skelett-Erkrankungen

Arbeitseinkommen (Euro) nach Antrag	1. Jahr	2. Jahr	3. Jahr
Rehageld	-37401 (31950)	-48317 (58435)	-21364 (157881)
IP	28014 (40663)	46874 (93459)	100419 (526143)
Bearbeitungszeit	-539 (1199)	-1940 (2724)	-9306 (38318)
Med. Maßnahme	76033 (65151)	128754 (135190)	41943 (518456)
Durchschn. Arbeitseinkommen	4107	5414	5891
Beobachtungen	7294	5143	2536

Tabelle 40: Kausaler Effekt auf Arbeitseinkommen: andere Erkrankungen

Arbeitseinkommen (Euro) nach Antrag	1. Jahr	2. Jahr	3. Jahr
Rehageld	-25098 (35797)	-20162 (14827)	-8356 (14085)
IP	-20964 (43390)	-14447 (18702)	-986 (25867)
Bearbeitungszeit	-510 (1275)	-998 (892)	-1133 (1013)
Med. Maßnahme	90148 (172165)	38126 (56190)	-7364 (59827)
Durchschn. Arbeitseinkommen	3391	4175	4649
Beobachtungen	9940	7180	3681

Tabelle 41: Kausaler Effekt auf Arbeitsmarktstatus: Psychische Erkrankungen

Status 2 Jahre nach Antrag:	Beschäftigung	Arbeitslosigkeit	Krankengeld
Rehageld	-1.19	-45.13***	-9.52***
	(4.49)	(4.53)	(2.84)
IP	-14.29**	-30.22***	-10.98***
	(5.88)	(7.09)	(3.20)
Bearbeitungszeit	1.08	-0.47	-0.35
	(1.30)	(1.33)	(0.86)
Maßnahme	-63.98**	13.98	4.35
	(31.25)	(35.29)	(16.47)
Mean	9.84	21.63	4.52
Beobachtungen	12743	12743	12743

Tabelle 42: Kausaler Effekt auf Arbeitsmarktstatus: Muskel-Skelett-Erkrankungen

Status 2 Jahre nach Antrag:	Beschäftigung	Arbeitslosigkeit	Krankengeld
Rehageld	-237.11	44.34	123.70
	(261.54)	(168.59)	(112.79)
IP	143.10	-216.82	-64.86
	(305.71)	(181.18)	(144.51)
Bearbeitungszeit	-7.98	10.47	-2.56
	(10.57)	(6.86)	(5.67)
Maßnahme	591.70	-237.44	-199.70
	(672.21)	(396.75)	(267.84)
Mean	21.26	42.99	10.43
Beobachtungen	5474	5474	5474

Tabelle 43: Kausaler Effekt auf Arbeitsmarktstatus: andere Erkrankungen

Status 2 Jahre nach Antrag:	Beschäftigung	Arbeitslosigkeit	Krankengeld
Rehageld	-70.78 (54.59)	-75.95 (48.69)	22.99 (30.87)
IP	-43.00 (79.35)	-68.41 (65.49)	0.98 (42.28)
Bearbeitungszeit	-2.99 (3.17)	0.68 (2.75)	1.02 (1.81)
Maßnahme	114.21 (217.05)	90.38 (184.20)	-63.15 (116.39)
Mean	15.34	28.29	4.99
Beobachtungen	7452	7452	7452

Tabelle 44: Kausaler Effekt auf Gesundheitsausgaben: Psychische Erkrankungen

Ausgaben 2 Jahre nach Antrag:	Heilmittel	LKF Punkte	Arztkosten
Rehageld	-1040.45 (995.08)	437.80 (2203.81)	-1413.86* (783.42)
IP	993.79 (1195.70)	261.13 (2403.25)	536.06 (905.84)
Bearbeitungszeit	-328.02 (307.03)	153.84 (511.97)	-316.66* (180.86)
Maßnahme	3166.88 (6443.33)	12005.06 (11577.30)	3695.19 (2971.01)
Mean	1210.81	2343.00	1104.07
Beobachtungen	6502	6502	6502

Tabelle 45: Kausaler Effekt auf Gesundheitsausgaben: Muskel-Skelett-Erkrankungen

Ausgaben 2 Jahre nach Antrag:	Heilmittel	LKF Punkte	Arztkosten
Rehageld	-48234.28 (564165.42)	-32407.57 (350032.05)	-23671.20 (268901.19)
IP	-1.16e+05 (1.02e+06)	-73721.90 (641624.74)	-57824.38 (488128.91)
Bearbeitungszeit	11471.51 (87728.02)	7218.32 (54672.64)	5083.92 (41719.60)
Maßnahme	151029.77 (1.54e+06)	88447.71 (955670.77)	70715.74 (733838.59)
Mean	974.75	1817.06	1125.54
Beobachtungen	2796	2796	2796

Tabelle 46: Kausaler Effekt auf Gesundheitsausgaben: andere Erkrankungen

Ausgaben 2 Jahre nach Antrag:	Heilmittel	LKF Punkte	Arztkosten
Rehageld	5223.21 (5916.20)	-3262.12 (8020.45)	1121.71 (1511.15)
IP	7064.35 (12037.67)	-9342.61 (15498.27)	-1336.30 (2933.53)
Bearbeitungszeit	-309.11 (901.09)	315.38 (1185.34)	91.28 (214.58)
Maßnahme	-10406.38 (26768.85)	7700.10 (33491.89)	1370.52 (6554.13)
Mean	2567.20	3143.77	1351.25
Beobachtungen	4048	4048	4048

9.5 Appendix: Verwendete Daten

Für diese Studie werden folgende Datensätze verwendet:

» **Sozialversicherungsdaten (ASSD):** Dieser Datensatz enthält den Arbeitsmarktstatus und Arbeitseinkommen auf individueller Basis für die Jahre 1972-2018.

» **Antragsdaten der PVA:** Diese Daten enthalten die Informationen zu IP Anträgen seit 2004 bis 2017. Informationen beinhalten Angaben zu Krankheitsgrund, Antrags- und Entscheidungsdatum, Entscheidung.

» **GutachterInnendaten der PVA:** Diese Daten enthalten die anonymisierten GutachterInnen-IDs (ärztliche GutachterInnen, welche die medizinische Entscheidung fällen), Start- und Enddatum, Entscheidung, Diagnose (ICD 10). Ab 2014 verfügbar bis 2017, aber in 2014 enthalten noch nicht alle Fälle eine GutachterInnen-ID.

» **Maßnahmedaten der PVA:** Diese Daten enthalten Informationen zu den medizinischen Rehabilitationsmaßnahmen seit 2014 für IP AntragsstellerInnen. Detaillierte Informationen zu Art der Reha, Start/Enddatum, Institution.

» **Gesundheitsdaten des Hauptverbandes:** Für alle Individuen mit einem IP Antrag zwischen 2004 und 2016 haben wir Informationen zu Gesundheitsausgaben aus den Abrechnungsdaten des Hauptverbandes. Diese Daten bestehen aus vier verschiedenen Datensätzen:

- **Heilmittel:** Diese Daten enthalten Informationen zu Verordnungen, Kosten, ATC Codes und Fachgebiet des/der verschreibenden Arztes/Ärztin von Heilmitteln auf individueller Basis und decken den Zeitraum 2015-2017 ab.

- **Krankenanstalten:** Diese Daten enthalten Informationen zu Aufnahme- und Entlassungsdatum, LDF Gruppe, Belagstagen, LDF Punkten und decken den Zeitraum: 2015-2017 ab.
- **Honorardaten:** Diese Daten enthalten Informationen zur Anzahl der Arztbesuche mit Fachrichtung des Arztes bzw. der Ärztin und die verrechneten Kosten dieses Arztbesuches und decken den Zeitraum: 2014-2017 ab.
- **E-Card:** Diese Daten enthalten Informationen zu Arztkonsultationen mit E-Card Steckung inklusive Fachrichtung und decken die Jahre 2015-2017 ab.

Im Folgenden wird kurz validiert, dass die verschiedenen Datensätze gut zusammenpassen.

9.6 Antragsdaten

Für die Evaluation werden die Antragsdaten mit den Arbeitsmarktdaten (ASSD) verknüpft. Hier wird kurz validiert, wie die einzelnen Datenquellen zusammenpassen. Insgesamt passen die Daten gut zusammen und stimmen auch gut mit den offiziellen Zahlen des Hauptverbandes überein.

Check Pseudonymisierung

Zum Vergleich ob die Pseudonymisierung korrekt ist, vergleichen wir Informationen zu Geschlecht und Geburtsjahr aus den Sozialversicherungsdaten mit den Angaben in den Antragsdaten. In den Antragsdaten haben wir das Geburtsjahr nur für Individuen, die Rehageld beziehen, daher die kleineren Beobachtungszahlen.

Tabelle 47: Vergleich Antragsdaten mit Stammdaten ASSD

	Anzahl	Prozentual
Geschlecht		
0	494595	99.86
1	670	0.14
Total	495265	100.00
Geburtsjahr		
0	25677	100.00
1	0	100.00
Total	25677	100.00

Aggregierte Neuzugänge

Abbildung 63: Aggregierte Neuzugänge über Jahre

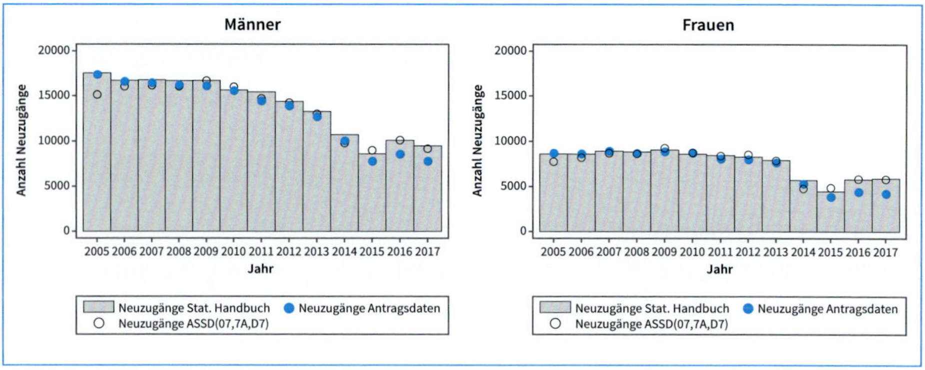

Abbildung 64: Aggregierte Neuzugänge (2005-2017) nach Alter

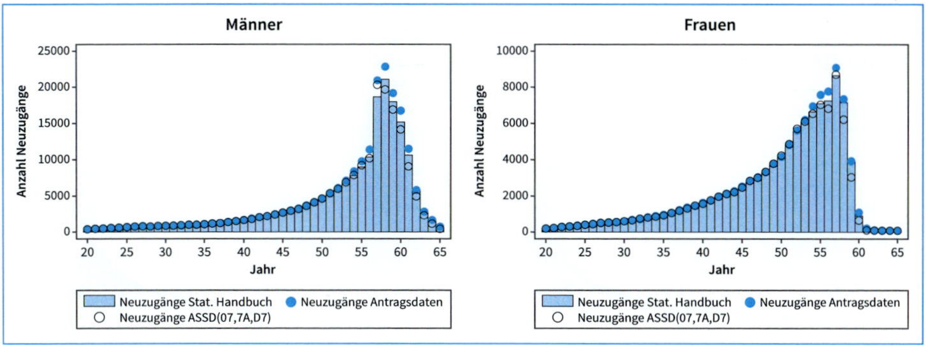

Abbildung 65: Zusagewahrscheinlichkeit über Jahre

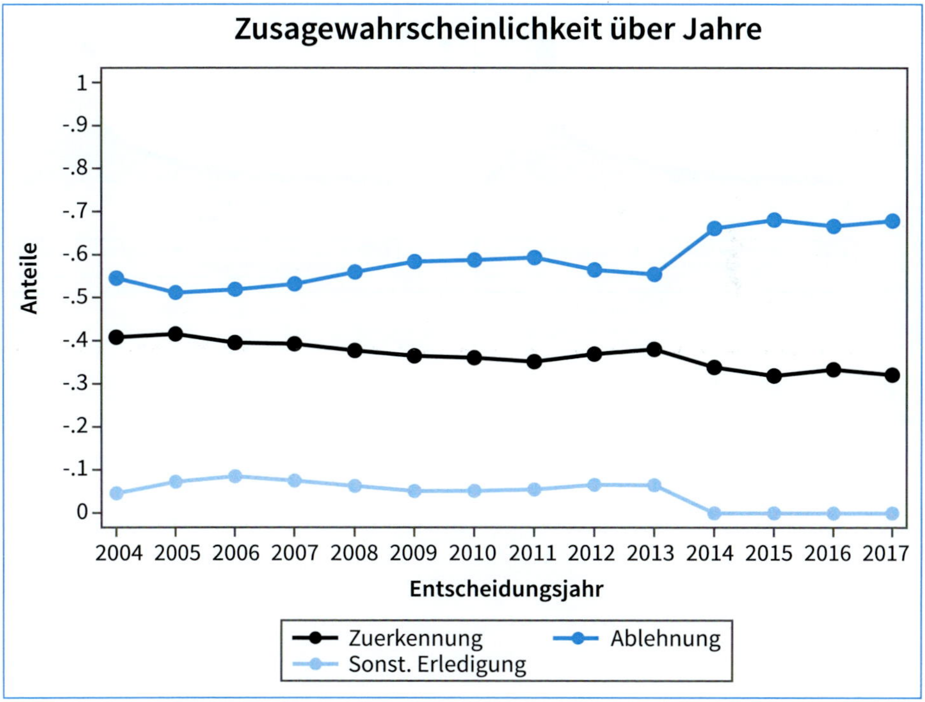

Neuzugänge Männer nach Alter und Jahr

Abbildung 66: Neuzugänge Männer nach Alter und Jahr

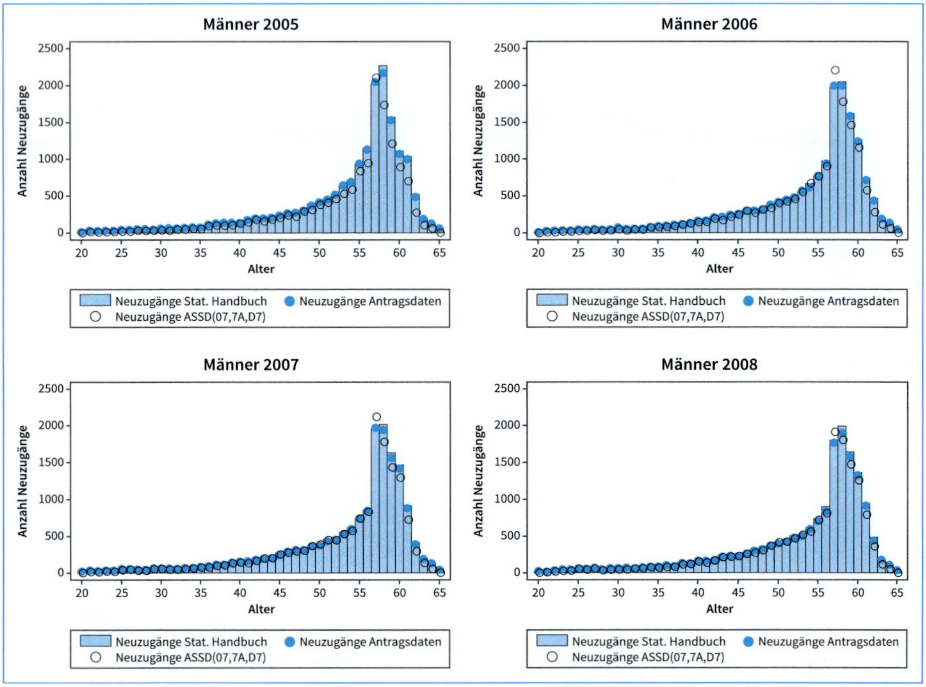

Abbildung 67: Neuzugänge Männer nach Alter und Jahr

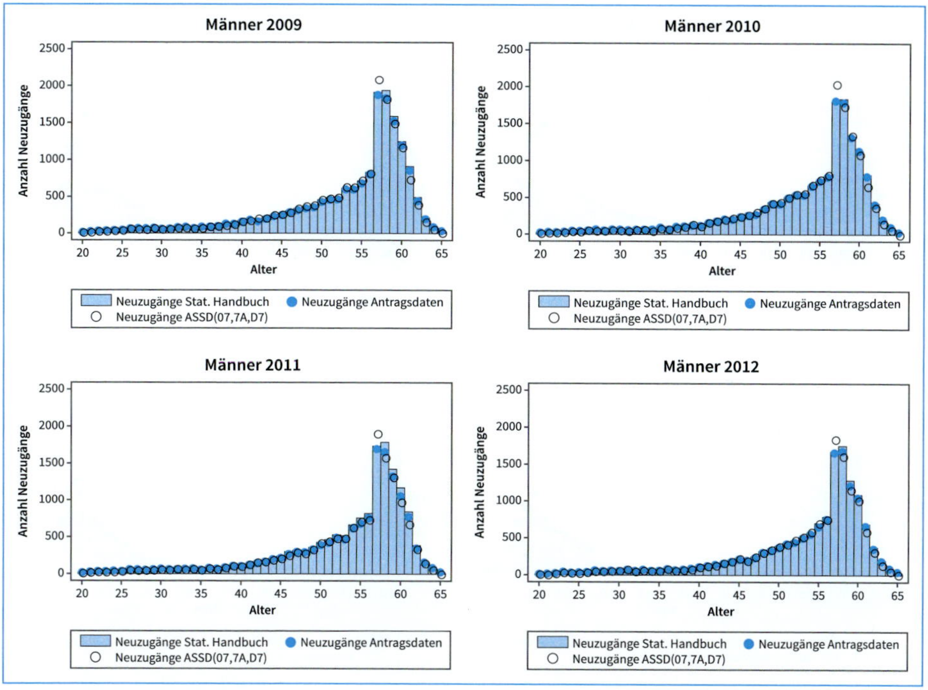

Abbildung 68: Neuzugänge Männer nach Alter und Jahr

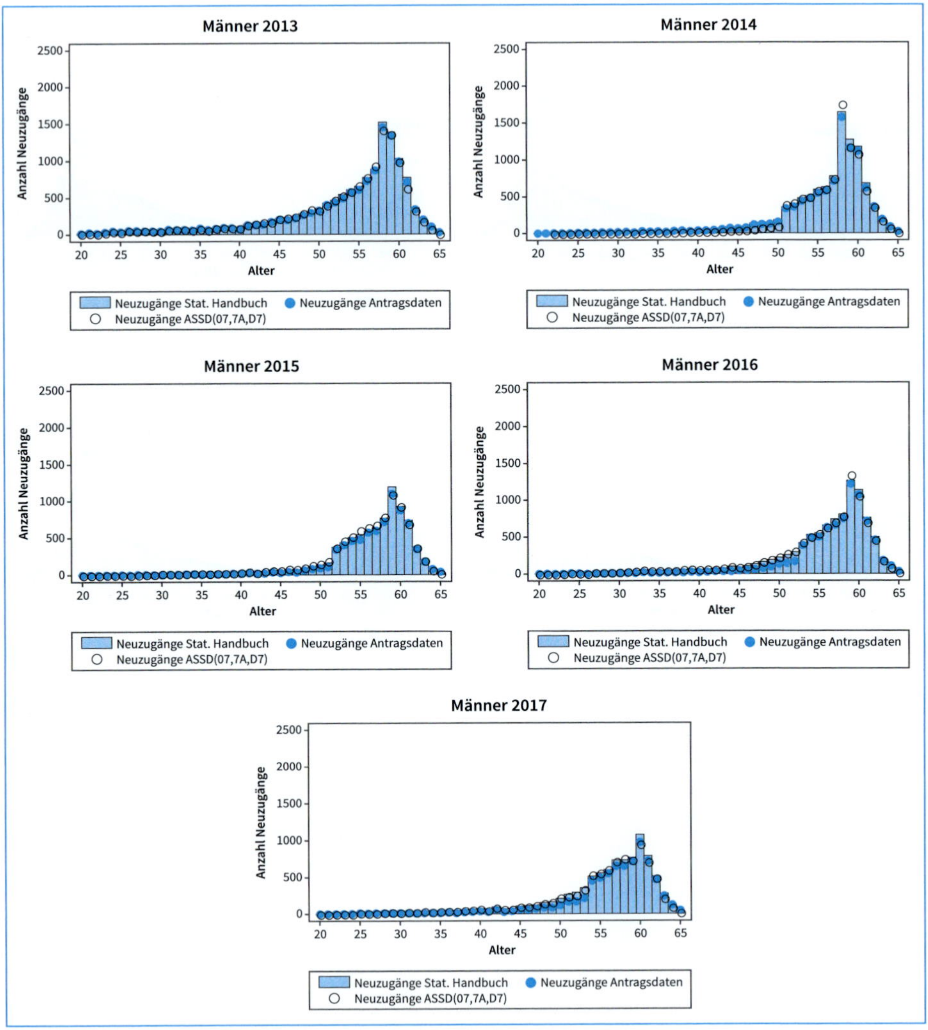

Neuzugänge Frauen nach Alter und Jahr

Abbildung 69: Neuzugänge Frauen nach Alter und Jahr

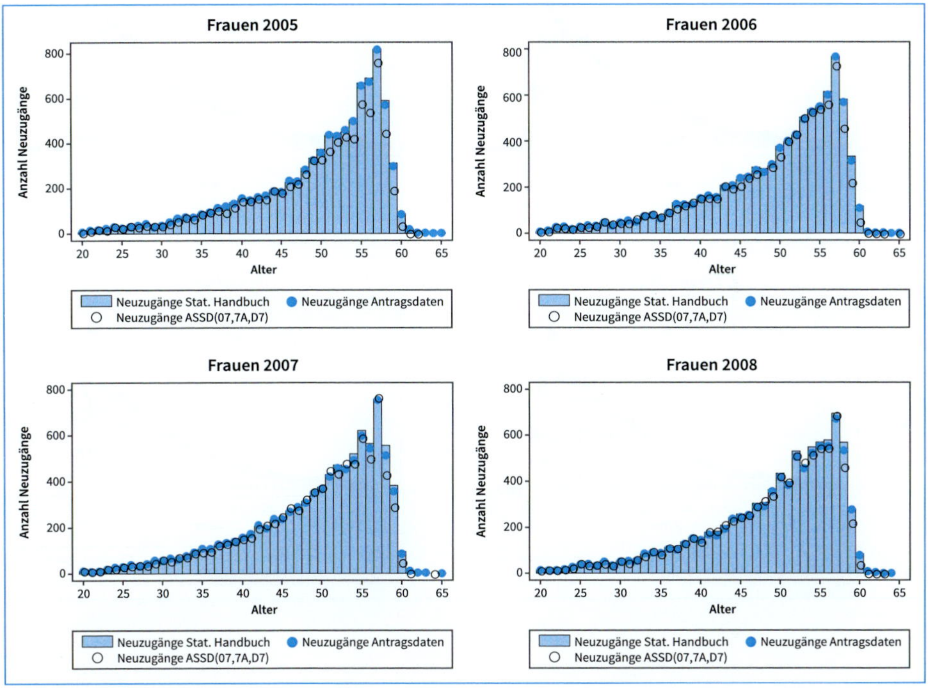

Abbildung 70: Neuzugänge Frauen nach Alter und Jahr

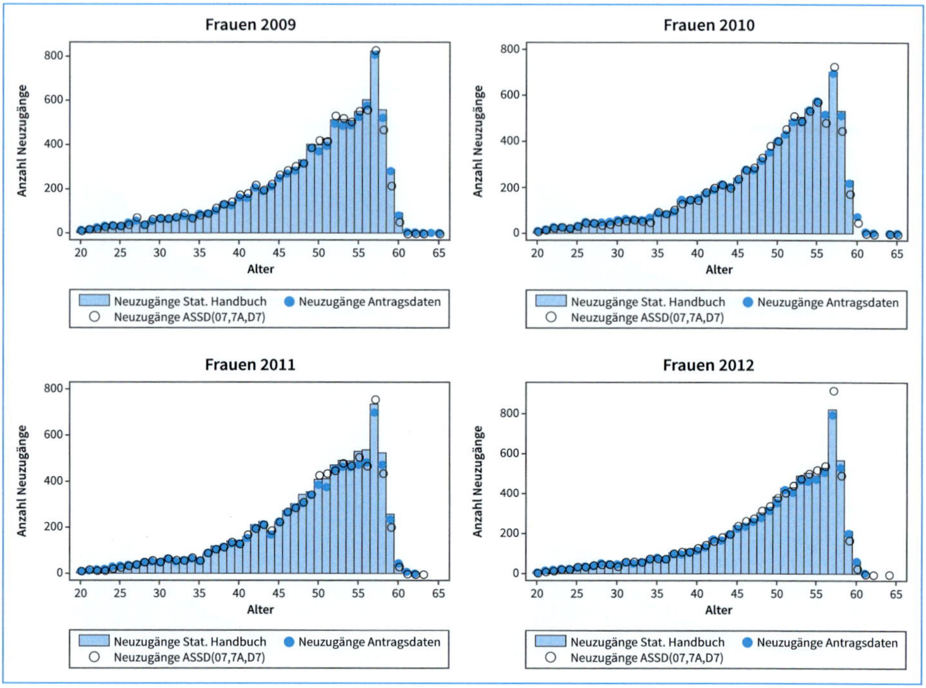

Abbildung 71: Neuzugänge Frauen nach Alter und Jahr

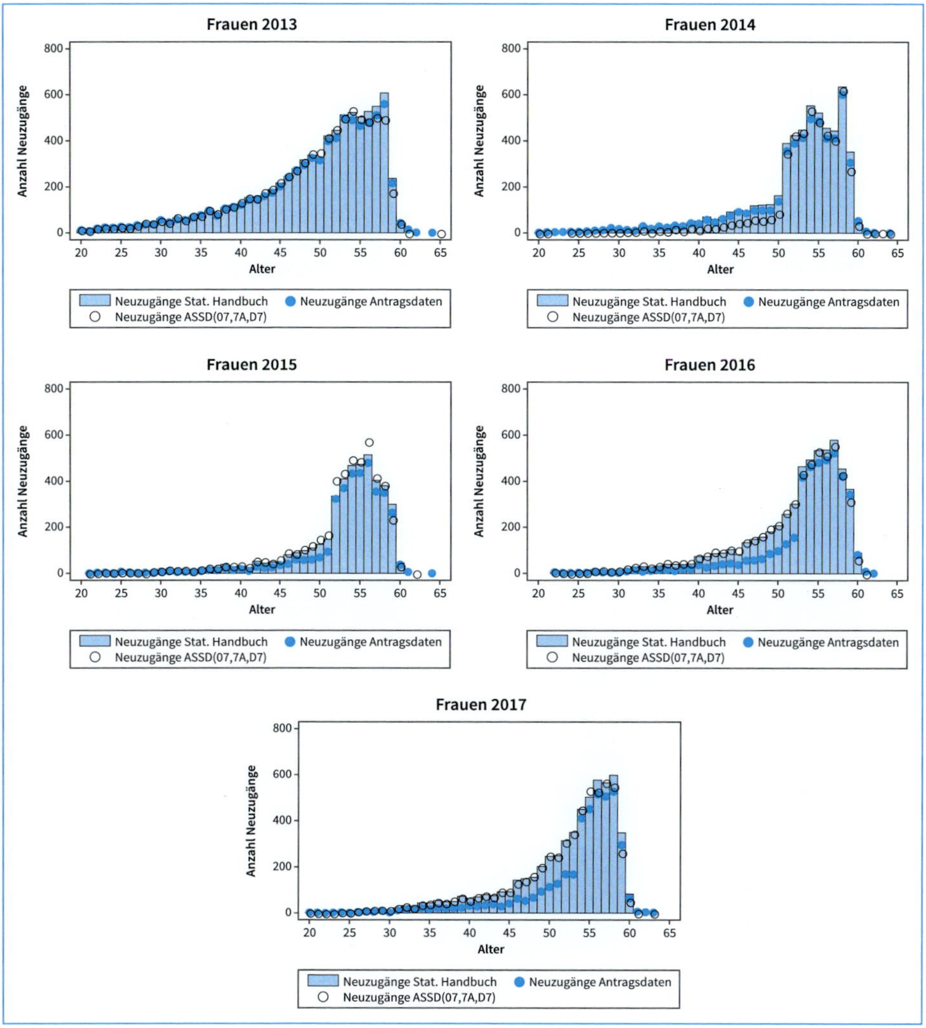

Zuordnung Anträge auf ASSD IP Zugänge und Rehageldbezug

Wir finden zu jeder Zuerkennung in den Antragsdaten mindestens einen Inflow in DI im ASSD (quals 07,7A,D7). Analog finden wir für jeden Rehageldbezug in den Antragsdaten eine Rehageld-qual (6R) in den ASSD. Tabelle 1 zeigt die absolute zeitliche Differenz zwischen ASSD-Inflow und Zuerkennungsdatum in den Antragsdaten. Die Differenz wurde auf 0 gesetzt, falls ASSD-Inflow zwischen Antragsdatum und Entscheidungsdatum liegt. Ansonsten ist es das Minimum von Inflowdatum und Antrags- oder Entscheidungsdatum.

Tabelle 48: Zeitlicher Match IP Zugang ASSD vs. Zuerkennung Antragsdaten (Differenz in Monaten)

Monate	No.	Col %	Cum %
0	213730	77.5	77.5
1	9340	3.4	80.9
2	4935	1.8	82.7
3	3577	1.3	84.0
4	3016	1.1	85.1
5	2839	1.0	86.1
6	2577	0.9	87.0
7	2432	0.9	87.9
8	2676	1.0	88.9
9	2814	1.0	89.9
10	2869	1.0	91.0
11	2829	1.0	92.0
12	2620	1.0	92.9
13	2363	0.9	93.8
14	2010	0.7	94.5
15	1894	0.7	95.2
16	1683	0.6	95.8
17	1387	0.5	96.3
18	1185	0.4	96.8
19	1022	0.4	97.1
20	917	0.3	97.5
21	770	0.3	97.7
22	665	0.2	98.0
23	599	0.2	98.2
24	4975	1.8	100.0
Total	**275724**	**100.0**	

Tabelle 49: Zeitlicher Match Rehageld ASSD vs. Rehageld Antragsdaten (Differenz in Monaten)

Monate	No.	Col %	Cum %
0	25326	100.0	100.0
Total	**25326**	**100.0**	

9.7 GutachterInnen- und Maßnahmedaten

- Geschlecht stimmt praktisch perfekt überein mit Stammdaten, siehe Tabelle 50.
- Alle Personen mit Einträgen in GutachterInnendaten tauchen mindesten einmal auf in den Antragsdaten, siehe Tabelle 51.
- 2/3 aller Einträge in GutachterInnendaten stimmen mit Antragsdatum in Antragsdaten perfekt überein, siehe Figure. Für die Beobachtungen in den GutachterInnendaten, für die wir keinen perfekten zeitlichen Match finden in den Antragsdaten, liegen die Beobachtungen in den GutachterInnendaten fast immer nach einem ersten Antrag in den Antragsdaten. Es scheint sich hier um Folgeanträge/erledigungen zu handeln nach einer ersten Zuerkennung. Die Anträge mit verzögertem Folgeantrag in den GutachterInnendaten sind übermäßig häufig Zuerkennungen.
- Praktisch alle Anträge in den Antragsdaten ab 2014 haben einen Eintrag in den GutachterInnendaten, die zeitlich (Antragsdatum) sehr gut zusammenpassen (bei 80 Prozent stimmt das Antragsdatum perfekt überein, 93 Prozent aller Anträge sind innerhalb von 365 Tagen). Siehe Tabelle 51.
- Die Entscheide in den Antragsdaten und GutacherInnendaten (decision vs. erlart) stimmen gut überein, siehe Tabelle 52.

Tabelle 50: Match Geschlecht GutachterInnendaten und ASSD

Differenz in Geschlecht	Obs	Freq (%)
0	280850	99.82
1	67	0.02

Tabelle 51: Match Gutachterdaten und Antragsdaten

Jahr	Match Gutachter und Antragsdaten (penr)											
	nur in Gutacherdaten			nur in Antragsdaten			in beiden			Total		
	No.	Col %	Cum %	No.	Col %	Cum %	No.	Col %	Cum %	No.	Col %	Cum %
2004	0	0.0	0.0	37911	11.5	11.5	1	0.0	0.0	37912	7.4	7.4
2005	0	0.0	0.0	33189	10.1	21.6	0	0.0	0.0	33189	6.5	14.0
2006	0	0.0	0.0	32091	9.7	31.3	1	0.0	0.0	32092	6.3	20.3
2007	0	0.0	0.0	32345	9.8	41.1	3	0.0	0.0	32348	6.4	26.6
2008	0	0.0	0.0	32124	9.7	50.9	2	0.0	0.0	32126	6.3	32.9
2009	0	0.0	0.0	32508	9.9	60.7	0	0.0	0.0	32508	6.4	39.3
2010	0	0.0	0.0	31614	9.6	70.3	6	0.0	0.0	31620	6.2	45.5
2011	0	0.0	0.0	30512	9.3	79.6	10	0.0	0.0	30522	6.0	51.5
2012	0	0.0	0.0	29024	8.8	88.4	59	0.0	0.0	29083	5.7	57.3
2013	3	0.0	0.0	25497	7.7	96.2	7815	4.5	4.6	33315	6.5	63.8
2014	25	0.4	0.4	4448	1.3	97.5	31150	18.0	22.5	35623	7.0	70.8
2015	53	0.8	1.3	2044	0.6	98.1	36133	20.9	43.4	38230	7.5	78.3
2016	537	8.6	9.9	2091	0.6	98.8	47516	27.4	70.8	50144	9.9	88.2
2017	5641	90.1	100.0	4099	1.2	100.0	50539	29.2	100.0	60279	11.8	100.0
Total	**6259**	**100.0**		**329497**	**100.0**		**173235**	**100,0**		**508991**	**100.0**	

Tabelle 52: Match Entscheidung Gutachterdaten und Antragsdaten

erlart_text	Entscheid Antragsdaten			
	Ablehnung	Zuerkennung	sonst Erledigungen	Total
	No.	No.	No.	No.
Entziehung	4940	3031	6	7977
K-Verlauf	10582	12137	14	22733
L-Zustand	10	12	0	22
Med-Rehab	1545	1060	3	2608
Negativ	96126	12105	260	108491
Positiv	4635	88249	92	92976
Therapie	24095	15882	25	40002
Verweisung	79	52	0	131
Total	**142012**	**132528**	**400**	**274940**

Abbildung 72: Zeitlicher Match GutachterInnen- und Antragsdaten

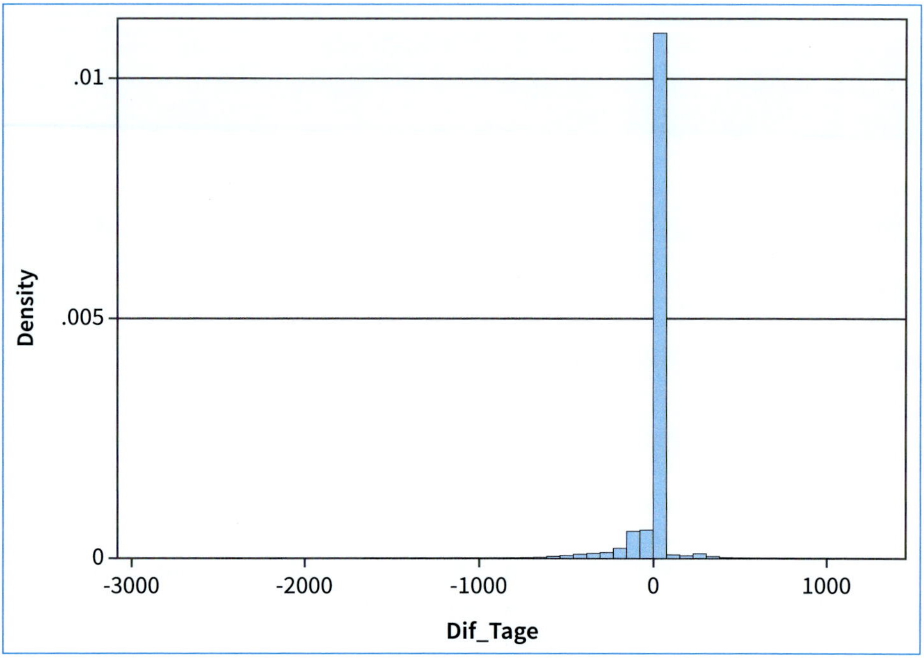

9.8 Gesundheitsdaten

Zum Vergleich ob die Pseudonymisierung korrekt ist, vergleichen wir Informationen zu Geschlecht und Geburtsjahr aus den Sozialversicherungsdaten mit den Angaben in den Gesundheitsdaten. Diese Informationen stimmen fast perfekt überein (siehe Tabelle 53).

Tabelle 53: Match Jahrgang und Geschlecht zwischen Gesundheitsdaten und ASSD

	Differenz Jahrgang					
Differenz Geschlecht	0		1		Total	
	No	Col %	No	Col %	No	Col %
0	496496	99.9	616	0.1	497112	100.0
1	50	50.5	49	49.5	99	100.0
Total	**496546**	**99.9**	**665**	**0.1**	**497211**	**100.0**

LITERATUR

Autor, David H./Maestas, Nicole/Mullen, Kathleen J./Strand, Alexander (2015): Does Delay Cause Decay? The Effect of Administrative Decision Time on the Labor Force Participation and Earnings of Disability Applicants. National Bureau of Economic Research, Working Paper No. 20840

BGBl. I Nr. 3/2013 = Bundesgesetzblatt für die Republik Österreich. Jahrgang 2013. Ausgegeben am 10. Jänner 2013. Teil I. 3. Bundesgesetz: Sozialrechts-Änderungsgesetz 2012 – SRÄG 2012 (NR: GP XXIV RV 2000 AB 2028 S. 184. BR: 8826 AB 8855 S. 816.)

Bolliger, Christian/Fritschi, Tobias/Salzgeber, Renate/Zürcher, Pascale/Hümbelin, Oliver (2012): Eingliederung vor Rente – Evaluation der Früherfassung, der Frühintervention und der Integrationsmaßnahmen in der IV. Schweizerisches Bundesamt für Sozialversicherungen, Forschungsbericht Nr. 13/12

Dahl, Gordon/Kostol, Andreas/Mogstad, Magne (2014): Family Welfare Cultures. In: Quarterly Journal of Economics 129 (4): 1711–1752

Engström, Per/Hägglund, Patric/Johansson, Per (2016): Early Interventions and Disability Insurance: Experience from a Field Experiment. In: The Economic Journal 127 (600), 363–392.

Fuchs, Michael (2013): Die weitere Erwerbsbiographie von Arbeitern und Angestellten, deren Antrag auf Invaliditätspension abgelehnt wurde. In: Soziale Sicherheit 5/2013: 256–265

Heil, Erich/Oberhauser, Sophie/Walch, Dominik (2013): Erstzugänge in Eigenpension 2010, Arbeitsmarkt- und Branchenintegration von InvaliditätspensionszugängerInnen. Institut für höhere Studien

Maestas, Nicole/Mullen, Kathleen J./Strand, Alexander (2013): Does Disability Insurance Receipt Discourage Work? Using Examiner Assignment to Estimate Causal Effects of SSDI Receipt. In: American Economic Review 103 (5), 1797–1829

Mayer-Schulz, Michaela/Stefanits, Johann (2012): Wege des Übertritts in die Pension. In: Sozialbericht 2011–2012, chapter 16, BMASK

Ruh, Philippe/Staubli, Stefan (2018): Financial Incentives and Earnings of Disability Insurance Recipients: Evidence from a Notch Design. National Bureau of Economic Research, Working Paper 24830

Stefanits, Hans/Obermayr, Ursula/Hollarek, Franz (2009): Invaliditätspensionen – Anträge, Ablehnungen und Zuerkennungen. In: Soziale Sicherheit 9/2009, 422–435

AUTOREN

AUTOREN

Andreas Haller

ist Doktorand der Volkswirtschaftslehre an der Universität Zürich. Sein Forschungsschwerpunkt liegt in der theoretischen und empirischen Analyse von Sozialversicherungssystemen und deren Reformen.

Stefan Staubli

ist Professor für Volkswirtschaftslehre an der Universität Calgary. Er ist Research Fellow am National Bureau of Economic Research (NBER) sowie am Centre for Economic Policy Research (CEPR). Seine Forschungsinteressen sind in den Bereichen Finanzwissenschaft sowie Arbeitsmarkt- und Gesundheitsökonomie. Aktuelle Forschungsprojekte untersuchen die Auswirkungen von Sozialversicherungen auf das Arbeitsangebot und die Gesundheit sowie die Interaktionseffekte zwischen verschiedenen Sozialversicherungsprogrammen. Er machte 2003 seinen Master-Abschluss in Volkswirtschaft und Statistik an der Université Libre de Bruxelles und promovierte 2009 in Wirtschaftswissenschaften an der Universität St. Gallen.

Josef Zweimüller

ist Professor für Volkswirtschaftslehre mit Schwerpunkt Arbeitsmarkt und Makroökonomie an der Universität Zürich. Er ist Research Fellow des Centre for Economic Policy Research (CEPR), wo er von 2009-2015 den Bereich Labour Economics leitete. In seiner Forschung untersucht er den Zusammenhang zwischen Maßnahmen des Wohlfahrtsstaates und deren Konsequenzen für den Arbeitsmarkt, insbesondere die Auswirkung der Arbeitslosenversicherung und aktiver Arbeitsmarktpolitik, der Invaliditäts- und Alterspensionen sowie der Familienpolitik. Aktuelle Forschungsprojekte evaluieren die Effekte von großen Reformen der Invaliditäts- und Alterspensionen in Österreich und Norwegen.

BISHER ERSCHIENEN IN DIESER REIHE

BISHER ERSCHIENEN IN DIESER REIHE

Band 1: Umverteilung im Wohlfahrtsstaat

Wien, Oktober 2009, 324 Seiten, 25 Euro, ISBN: 978-3-7035-1639-9

Autorinnen und Autoren:
Alois Guger (Projektleitung), Martina Agwi, Adolf Buxbaum, Eva Festl, Käthe Knittler, Verena Halsmayer, Simon Sturn, Michael Wüger

Der erste Band der Sozialpolitischen Studienreihe stellt eine gekürzte Fassung der WIFO-Studie „Umverteilung durch den Staat in Österreich" dar. Die zentralen Fragestellungen der auf einem Entschließungsantrag des Nationalrats beruhenden Studie sind: Wie wird durch die Staatseinnahmen und Staatsausgaben die Verteilung der Einkommen bzw. die Wohlfahrt der Haushalte beeinflusst? Wer profitiert von bestimmten Ausgaben des Staates bzw. wer leistet welchen Beitrag zur Finanzierung der öffentlichen Haushalte?

Band 2: Armutsgefährdung in Österreich

EU-SILC 2008, Eingliederungsindikatoren

Wien, Dezember 2009, 304 Seiten, 25 Euro, ISBN: 978-3-7035-1640-5

Ergebnisse aus EU-SILC 2008

Autorinnen und Autoren:
Ursula Till-Tentschert (Projektleitung), Thomas Glaser, Richard Heuberger, Elisabeth Kafka, Nadja Lamei, Magdalena Skina, Matthias Till

Indikatoren für das Monitoring sozialer Eingliederung in Österreich

Matthias Till (Projektleitung), Franz F. Eiffe, Georg Datler, Justus Henke, Karin Schrittwieser, Ursula Till-Tentschert

Die jährlich in allen EU-Mitgliedsstaaten durchgeführten EU-SILC-Erhebungen (Statistics on Income and Living Conditions) zu Einkommen, Armut und Lebensbedingungen privater Haushalte in Europa sind eine wichtige Entscheidungsgrundlage für die österreichische Sozial- und Arbeitsmarktpolitik. Band 2 der Sozialpolitischen Studienreihe fasst zwei Studien der Statistik Austria zur sozialen Lage in Österreich zusammen: In der EU-SILC-Studie wird in Anlehnung an die EU-Armutsdefinition im stärkeren Ausmaß der Blickwinkel auf die Verteilung der Einkommen und der finanziellen Teilhabemöglichkeiten gelegt. In der Studie „Eingliederungsindikatoren“ wurde der Schwerpunkt auf nicht monetäre Teilhabemöglichkeiten gelegt.

Band 3: Finanzierung der Pflegevorsorge

Mittel- und langfristige Finanzierung der Pflegevorsorge

Alternative Finanzierungsformen der Pflegevorsorge

Wien, März 2010, 212 Seiten, 23 Euro, ISBN: 978-3-99046-000-9

Autorinnen und Autoren:
Ulrike Mühlberger, Käthe Knittler, Alois Guger, Margit Schratzenstaller

Wissenschaftliche Assistenz:
Stefan Fuchs, Andrea Sutrich

Band 3 der Sozialpolitischen Studienreihe umfasst zwei Studien des Österreichischen Instituts für Wirtschaftsforschung, die sich mit unterschiedlichen Fragen und Problemstellungen zur Finanzierung des österreichischen Pflegesystems auseinandersetzen. Die erste Studie der vorliegenden Publikation beschäftigt sich mit der Analyse der Finanzströme der österreichischen Pflegevorsorge, mit dem Ziel, eine Bestandsaufnahme und eine Prognose der Kostenentwicklung der Langzeitpflege in Österreich zu präsentieren.

Die zweite Studie diskutiert unterschiedliche Organisations- und Finanzierungsformen der Pflegevorsorge sowie deren ökonomische Auswirkungen.

Band 4: Überblick über Arbeitsbedingungen in Österreich

Wien, September 2010, 260 Seiten, 24 Euro, ISBN: 978-3-99046-001-6

Autorinnen und Autoren:
Hubert Eichmann, Jörg Flecker, Alfons Bauernfeind, Bernhard Saupe, Marion Vogt

Die Studie der Forschungs- und Beratungsstelle Arbeitswelt (FORBA) präsentiert differenzierte Darstellungen zu Beschäftigungsformen, Arbeitszeiten, Einkommen, Arbeitsorganisation, Gesundheit, Weiterbildung sowie zur Arbeitszufriedenheit. Außerdem werden europäische Vergleichsdaten zur Einordnung Österreichs im EU-Kontext angeführt. Auf Basis der gesammelten Ergebnisse gibt die Studie einen kurzen Ausblick auf folgende Frage: In welche Richtung müssen sich Rahmenbedingungen für Erwerbsarbeit in Österreich ändern, um das Beschäftigungssystem angesichts struktureller Herausforderungen zukunftssicher zu machen?

Band 5: Armutsgefährdung und Lebensbedingungen in Österreich

Ergebnisse aus EU-SILC 2009

Wien, Jänner 2011, 228 Seiten, 23 Euro, ISBN: 978-3-99046-002-3

Autorinnen und Autoren:
Ursula Till-Tentschert (Projektleitung EU-SILC), Matthias Till (Eingliederungsindikatoren), Franz Eiffe, Thomas Glaser, Richard Heuberger, Elisabeth Kafka, Nadja Lamei, Magdalena Skina-Tabue

Im Juni 2010 haben sich die europäischen Regierungen auf eine neue Wachstumsstrategie bis zum Jahr 2020 geeinigt, die erstmals und ausdrücklich einen Schwerpunkt zur Verringerung von Armut und sozialer Ausgrenzung mit konkreten Zielgrößen formuliert. Die vorliegende Publikation der Statistik Austria präsentiert aktuelle Ergebnisse aus EU-SILC (Statistics on Income and Living Conditions) 2009 zu Einkommen, Armutsgefährdung und Lebensbedingungen österreichischer Privathaushalte in Österreich.

Band 6: Betriebliche und private Altersvorsorge in Österreich

Durchführungswege und Kosten für die öffentliche Hand

Wien, März 2011, 120 Seiten, 20 Euro, ISBN: 978-3-99046-003-0

Autor:
Thomas Url

Personen mit einem erwarteten Einkommensrückgang im Ruhestand können den Unterschied zwischen der erwarteten gesetzlichen Pension und dem gewünschten Einkommensniveau im Alter durch zusätzliche private Altersvorsorge ausgleichen. Daneben können Arbeitgeber für ihre Beschäftigten im Rahmen der betrieblichen Altersvorsorge ein Zusatzeinkommen im Alter aufbauen. Die vorliegende Studie vergleicht die wichtigsten betrieblichen und privaten Altersvorsorgeformen nach ihren steuerlichen Anreizen und führt erstmals eine Schätzung der direkten und indirekten Kosten der steuerlichen Förderung in Österreich durch. Sie wurde durch das Österreichische Institut für Wirtschaftsforschung im Auftrag des BMASK durchgeführt.

Band 7: Alleinerziehende in Österreich

Lebensbedingungen und Armutsrisiken

Wien, April 2011, 284 Seiten, 24 Euro, ISBN: 978-3-99046-004-7

Autorinnen und Autoren:
Ulrike Zartler, Martina Beham, Ingrid Kromer, Heinz Leitgöb, Christoph Weber, Petra Friedl

Die in Kooperation zwischen den Instituten für Soziologie der Universität Wien und der Universität Linz erstellte Studie „Alleinerziehende in Österreich" verfolgt das Ziel, die Lebenssituation Alleinerziehender und deren spezifische Herausforderungen darzustellen und zu analysieren und dabei besonders auf die Situation alleinerziehender Mütter einzugehen. Darüber hinaus werden Armuts- und Deprivationsrisiken von Alleinerzieherinnen und ihren Kindern aufgezeigt sowie unterschiedliche Interventionen zur Bekämpfung der Armutsgefährdung in Ein-Eltern-Familien skizziert.

Band 8: Armuts- und Ausgrenzungsgefährdung in Österreich

Ergebnisse aus EU-SILC 2010

Wien, Dezember 2011, 176 Seiten, 21 Euro, ISBN: 978-3-99046-005-4

Autorinnen und Autoren:
Ursula Till-Tentschert (Projektleitung EU-SILC), Matthias Till (Eingliederungsindikatoren), Thomas Glaser, Richard Heuberger, Elisabeth Kafka, Nadja Lamei, Magdalena Skina-Tabue

Die vorliegende Publikation widmet sich erstmals ausführlich Gefährdungslagen sozialer Ausgrenzung im Sinne der Europa-2020-Strategie. Grundlage des vorliegenden Berichts sind Daten aus der EU-SILC-Erhebung 2010 zu Einkommen und Lebensbedingungen. Diese wird seit 2003 jährlich von Statistik Austria im Auftrag des BMASK durchgeführt. Präsentiert werden die Zusammensetzung und zahlenmäßige Entwicklung der Gruppe von Ausgrenzungsgefährdeten in Österreich.

Band 9: Geringfügige Beschäftigung in Österreich

Wien, November 2011, 416 Seiten, 28 Euro, ISBN: 978-3-99046-006-1

Autorinnen und Autoren:
Andreas Riesenfelder, Susi Schelepa, Petra Wetzel

L&R Sozialforschung führte im Jahr 2002 in Kooperation mit dem Institut für Staatswissenschaften der Universität Wien eine umfassende Grundlagenstudie zur Beschäftigungssituation und sozialen und materiellen Absicherung von geringfügig Beschäftigten in Österreich durch. In der Studie finden sich detaillierte Erhebungen zur Frage der Arbeitszufriedenheit und zur Arbeitsbelastung. Zusätzlich wurde auch auf eine Darstellung der Branchen und Wirtschaftsbereiche der Arbeitsplätze geringfügig Beschäftigter im Jahresvergleich geachtet. Des Weiteren ist auch eine Erhebung zu arbeitsrechtlichen Problemen im Zusammenhang mit geringfügigen Beschäftigungsverhältnissen und zum Stand der Information der geringfügig Beschäftigten über ihre rechtlichen Ansprüche enthalten.

Band 10: Evaluierung des Behindertengleichstellungsrechts

Wien, März 2012, 390 Seiten, 27 Euro, ISBN: 978-3-99046-007-8

Autorinnen und Autoren:
Christian Schober, Selma Sprajcer (NPO-Institut der WU Wien) und Christian Horak, Thomas M. Klein, Bojan Djukic, Julia Soriat (Contrast Management-Consulting) Walter J. Pfeil, Susanne Mayer (Universität Salzburg)

Band 10 der Sozialpolitischen Studienreihe befasst sich mit zwei umfassenden Evaluierungsstudien zum Behindertengleichstellungsrecht. Die sozialwissenschaftliche Studie befasst sich in erster Linie mit einer wirkungsorientierten Evaluierung des Behindertengleichstellungspaketes. Des Weiteren wird auf die verfassungsrechtliche Anerkennung der Gebärdensprache und des Bundes-Behindertengleichstellungsbegleitgesetzes eingegangen. Das rechtswissenschaftliche Gutachten wurde von Univ.-Prof. Walter Pfeil und Dr. Susanne Mayer von der Universität Salzburg erarbeitet. Der Bericht setzt sich mit diversen rechtlichen Fragestellungen zum Behindertengleichstellungsrecht auseinander und analysiert die bestehende Rechtslage.

Band 11: Soziale Lage älterer Menschen in Österreich

Wien, Juli 2012, 188 Seiten, 27 Euro, ISBN: 978-3-99046-007-8

Autorinnen und Autoren:
Franz Ferdinand Eiffe (Projektleitung), Matthias Till, Georg Datler, Richard Heuberger, Thomas Glaser, Elisabeth Kafka, Nadja Lamei, Magdalena Skina, Ursula Till-Tentschert

Basis der Studie über die soziale Lage älterer Menschen ist eine EU-SILC-Erhebung aus dem Jahr 2008. Der Bericht befasst sich mit konzeptionellen und empirischen Aspekten der Armut im Alter und der Identifikation von Armutsgefährdungsschwellen, führt empirische Analysen zu zentralen Lebensbereichen älterer Menschen aus und erörtert technische Aspekte der Armutsmessung. Band 11 der Sozialpolitischen Studienreihe zeichnet ein umfassendes Bild der Lebenssituation älterer Menschen in Österreich und diskutiert relevante konzeptuelle Fragen, die für die zukünftige Forschung in diesem Bereich, aber auch für die amtliche Statistik von großer Relevanz sind.

Band 12: Arbeitsmarktöffnung 2011

Monitoring der Arbeitsmarktauswirkungen der Zuwanderung aus den neuen EU-Mitgliedsländern im Regime der Freizügigkeit – Begleitende Beratung und Analyse

Monitoring der Arbeitsmarktöffnung – Auswirkungen auf Beschäftigungsformen und auf Lohndumping

Wien, Dezember 2012, 480 Seiten, 29 Euro, ISBN: 978-3-99046-009-2

Autorinnen und Autoren:
WIFO im Auftrag des BMASK

L&R Sozialforschung im Auftrag des BMASK und der AK Wien

Seit 1. Mai 2011 ist der österreichische Arbeitsmarkt für acht der 2004 zur EU beigetretenen Staaten – Tschechien, Slowakei, Ungarn, Slowenien, Polen, Estland, Lettland und Litauen – geöffnet. In Band 12 der Sozialpolitischen Studienreihe werden zwei Studien behandelt, die ein umfassendes Bild der Auswirkungen der Arbeitsmarktöffnung hinsichtlich quantitativer und qualitativer Aspekte liefern. Neben dem Ausmaß der Immigration seit dem 1. Mai 2011 untersuchte das WIFO auch die Struktur und Mobilität der zugewanderten Arbeitskräfte. L&R Sozialforschung analysierte qualitative Veränderungen auf dem österreichischen Arbeitsmarkt, Entsendungen nach Österreich sowie das Phänomen und die Bekämpfung des Lohndumpings.

Band 13: Monitoring des effektiven Pensionsantrittsalters 2011

Bericht 2012 des Büros der Kommission zur langfristigen Pensionssicherung

Beschluss der Sitzung am 29. Oktober 2012

Wien, September 2013, 404 Seiten, 28 Euro, ISBN: 978-3-7035-1637-5

Autorinnen und Autoren:
Johann Stefanits, Irene Sassik, Roman Freitag, Ursula Obermayr, Michaela Mayer-Schulz

Die umlagefinanzierte gesetzliche Pensionsversicherung stellt weiterhin die größte Säule der Pensionsvorsorge in Österreich dar, wobei sie aufgrund geänderter Rahmenbedingungen so angepasst werden muss, dass ihre langfristige Finanzierbarkeit erhalten bleibt. Ziel des vorliegenden Berichts sind die Darstellung des Pensionsantrittsverhaltens im Jahr 2011 und insbesondere die gezielte Analyse des effektiven Pensionsantrittsalters, wobei ein Konnex zur demografischen Entwicklung und zur Erwerbsbeteiligung hergestellt wird.

Band 14: Die Langzeitwirkung von Qualifikationsmaßnahmen des Arbeitsmarktservice

Wien, November 2013, 126 Seiten, 20 Euro, ISBN: 978-3-99046-012-2

Autorinnen und Autoren:
Jürgen Holl, Günter Kernbeiß, Karin Städtner, Michael Wagner-Pinter

Die verschiedenen Schulungsmaßnahmen des Arbeitsmarktservice Österreich stehen nicht zuletzt wegen der Frage nach ihrer nachhaltigen Wirkung zur Arbeitsmarktintegration im besonderen öffentlichen Interesse. Im aktuellen Band 14 der Sozialpolitischen Studienreihe werden die Forschungsergebnisse der Firma Synthesis-Forschung zur Langzeitwirkung dieser Qualifikationsmaßnahmen einer breiten Öffentlichkeit vorgestellt. Sie untermauern einmal mehr empirisch die in der arbeitsmarktpolitischen Zielsetzung verfolgte Ausrichtung, via spezifische Qualifizierungsmaßnahmen die nachhaltige Arbeitsmarktintegration zu fördern.

Band 15: Überblick Arbeitsbedingungen in Österreich

Wien, Juni 2014, 400 Seiten, 28 Euro, ISBN: 978-3-99046-038-2

Autorinnen und Autoren:
Hubert Eichmann, Bernhard Saupe

Auf Basis einer breit angelegten Literaturanalyse u. a. mit Sekundäranalysen aus Repräsentativdatensätzen wird ein aktueller Überblick über Arbeits- und Beschäftigungsbedingungen in Österreich erarbeitet. Das abzudeckende Themenspektrum reicht von Beschäftigungsformen, Arbeitszeiten, Einkommen, Arbeitsorganisation, Gesundheit, Weiterbildung bis hin zu subjektiven Einschätzungen der Arbeitsqualität. Darüber hinaus erfolgt eine Einordnung Österreichs im europäischen Vergleich. Die Studie ist als Follow-up des 2010 publizierten Bandes 4 der Sozialpolitischen Studienreihe des BMASK angelegt. Im besonderen Fokus stehen die Entwicklung seit Ausbruch der Finanz- und Wirtschaftskrise und damit einhergehende Veränderungen bei Arbeitsbedingungen.

Band 16: Psychische Erkrankungen und Invalidität

Endbericht der 2. Arbeitsgruppe zur Neugestaltung des Invaliditätsrechts September 2012 bis Juni 2013

Wien, September 2014, 328 Seiten, 24 Euro, ISBN: 978-3-99046-094-8

Autorinnen und Autoren:
Bundesministerium für Arbeit, Soziales und Konsumentenschutz (Hrsg.)

Es wird aktuell immer wieder darauf hingewiesen, dass dem Bereich psychische Erkrankungen eine steigende Bedeutung als Ursache für frühzeitiges Ausscheiden aus dem Arbeitsleben zukommt. Das Bundesministerium für Arbeit, Soziales und Konsumentenschutz entschloss sich daher 2012, das Thema psychische Erkrankungen und Invalidität in einem breit aufgesetzten Prozess unter Einbeziehung möglichst aller relevanten Stakeholder einer generellen Problemaufbereitung zuzuführen.

Band 17: Unterstützung der arbeitsmarktpolitischen Zielgruppe „NEET"

Studie von ISW, IBE und JKU im Auftrag des Bundesministeriums für Arbeit, Soziales und Konsumentenschutz

Wien, Dezember 2014, 614 Seiten, 34 Euro, ISBN: 978-3-99046-109-9

Autorinnen und Autoren:
Bundesministerium für Arbeit, Soziales und Konsumentenschutz (Hrsg.),

Johann Bacher, Julius Braun, Simon Burtscher-Mathis, Cornelia Dlabaja, Thomas Lankmayer, Heinz Leitgöb, Martina Stadlmayr, Dennis Tamesberger

Wie viele Jugendliche sind in Österreich von NEET (not in employment, education or training) betroffen, was sind die Ursachen für ein erhöhtes NEET-Risiko, und welche Faktoren begünstigen eine (dauerhafte) Überwindung des NEET-Status? Zur Beantwortung dieser Fragen startete das Institut für Sozial- und Wirtschaftswissenschaften (ISW) in Kooperation mit dem Institut für Soziologie der Johannes Kepler Universität (JKU) und dem Institut für Berufs- und Erwachsenenbildungsforschung (IBE) ein umfangreiches Forschungsprojekt mit dem Ziel, ein differenziertes Bild der NEET-Jugendlichen zu zeichnen. Zunächst werden die sozialstrukturellen Merkmale der NEET-Jugendlichen sowie die zentralen Risikofaktoren (u. a. früher Schulabbruch, geringe Bildung der Eltern, Migrationshintergrund, Kinderbetreuungspflichten) quantitativ erhoben. Dabei zeigt sich, dass es sich um eine sehr heterogene Gruppe handelt, die entsprechend vielfältige Bedürfnis- und Problemlagen aufweist. Diese werden im qualitativen Untersuchungsteil mittels Einzelfalldarstellungen und Interviews vertieft. Auf dieser Grundlage werden abschließend Handlungsstrategien entwickelt: Empfohlen werden vor allem niederschwellige Maßnahmen, die an den individuellen Bedürfnissen der Jugendlichen ansetzen, eine Weiterentwicklung der aktiven Arbeitsmarktpolitik sowie öffentliche Investitionen in die Bildungs- und Kinderbetreuungsinfrastruktur.

Band 18: Eine Arbeitslosenversicherung für den Euroraum als automatischer Stabilisator

Studie des DIW Berlin im Auftrag des Bundesministeriums für Arbeit, Soziales und Konsumentenschutz

Wien, März 2015, 174 Seiten, 20 Euro, ISBN: 978-3-99046-123-5

Autorinnen und Autoren:
Bundesministerium für Arbeit, Soziales und Konsumentenschutz (Hrsg.),
Sebastian Dullien, Ferdinand Fichtner, Peter Haan, Laslo Jaeger, Max Jansen, Richard Ochmann, Erik Tomasch

Die vorliegende Studie analysiert die makroökonomischen Stabilisierungs- und mikroökonomischen Verteilungswirkungen einer europäischen Arbeitslosenversicherung. Auf Grundlage dynamischer makroökonomischer Simulationen wird gezeigt, dass ein solches Transfersystem innerhalb des Euroraums – je nach Ausgestaltung – zu einer merklichen Stabilisierung der wirtschaftlichen Entwicklung geführt hätte. Dies gilt selbst für eine gemessen am Transferumfang relativ kleine europäische Arbeitslosenversicherung mit einer maximalen Bezugszeit von sechs Monaten und einer Nettoersatzquote von 30 %; mit größerem Leistungsumfang steigt die Stabilisierungswirkung, aber im Gegenzug auch die möglicherweise unerwünschten Wirkungen auf Arbeitsanreize und das Ausmaß der Umverteilung zwischen den Mitgliedsländern. Die Verteilungswirkungen dürften insgesamt aus politischer Sicht unproblematisch sein; tendenziell finden sich leicht progressive bis neutrale Effekte auf die Einkommensverteilung, Haushalte mit niedrigeren Einkommen profitieren also überproportional von der Einführung einer europäischen Arbeitslosenversicherung.

Band 19: Kinder und Jugendliche als pflegende Angehörige

Einblick in die Situation Betroffener und Möglichkeiten der Unterstützung

Wien, August 2015, 442 Seiten, 32 Euro, ISBN: 978-3-99046-157-0

Autorinnen und Autoren:
Bundesministerium für Arbeit, Soziales und Konsumentenschutz (Hrsg.),

Maria Daniel, Julia Hauprich, Manuela Kainbacher, Martina Koller, Martin Nagl-Cupal, Hanna Mayer

Als „Young Carers" werden Kinder und Jugendliche unter 18 Jahren bezeichnet, die regelmäßig Pflegetätigkeiten für ein chronisch krankes Familienmitglied übernehmen. Neben Haushaltstätigkeiten und der Obsorge für gesunde Geschwister sind sie in „klassische" Pflegetätigkeiten involviert, die normalerweise von Erwachsenen übernommen werden.

In Österreich ist dieser Gruppe der pflegenden Angehörigen bisher nur wenig Aufmerksamkeit geschenkt geworden. Das Institut für Pflegewissenschaft der Universität Wien führte daher im Auftrag des Sozialministeriums zwei Studien zu dieser Thematik durch. In der ersten Studie werden zunächst Anzahl und soziodemografische Merkmale der Young Carers erhoben, und es wird beschrieben, was diese tun und was sie belastet. Im folgenden qualitativen Studienteil werden negative (und auch positive) Auswirkung früher Pflegeerfahrungen aus der Sicht ehemaliger, nunmehr erwachsener Young Carers beleuchtet. Die zweite Studie legt ein Rahmenkonzept für Projekte zur Unterstützung von pflegenden Kindern und Jugendlichen sowie deren Familien vor. Damit soll aufgezeigt werden, durch welche konkreten Maßnahmen Betroffene unterstützt werden können und welche Voraussetzungen für ein wirksames Young-Carers-Projekt gegeben sein sollten.

Band 20: Ausbildung bis 18

Grundlagenanalysen zum Bedarf von und Angebot für die Zielgruppe

Wien, Juni 2016, 360 Seiten, 26 Euro, ISBN: 978-3-99046-223-2

Autorinnen und Autoren:
Bundesministerium für Arbeit, Soziales und Konsumentenschutz (Hrsg.),

Mario Steiner, Gabriele Pessl, Johannes Karaszek

Mit der Einführung einer „Ausbildung bis 18“ soll der Anteil der frühen AusbildungsabbrecherInnen (FABA) reduziert und die Zahl der Bildungsabschlüsse in Österreich erhöht werden.

Der vorliegende Bericht stellt die Ergebnisse der wissenschaftlichen Grundlagenanalysen dar, die vom Institut für Höhere Studien im Auftrag von BMASK, BMBF und BMWFW durchgeführt wurden. Er beinhaltet quantitative Analysen zu Ausmaß und Ursachen von frühem Bildungsabbruch, qualitative Analysen zu Problemlagen und Ressourcen betroffener Jugendlicher sowie eine Analyse der vorhandenen präventiven und kompensatorischen Angebote.

Zielgruppe der „Ausbildung bis 18“ sind demnach rund 16.000 Jugendliche zwischen 15 und 17 Jahren, die jedoch in Hinblick auf ihre Lebenssituation und den Grad ihrer Systemferne sowie hinsichtlich ihres Unterstützungsbedarfs sehr unterschiedlich sind.

Österreichweit werden bereits beträchtliche Aktivitäten im Bereich der Kompensation eines fehlenden Abschlusses gesetzt. Um die „Ausbildung bis 18“ zu realisieren, ist es jedoch notwendig, den Bereich der Prävention auszubauen.

Band 21: Intergenerationelle Lebensqualität. Diversität zwischen Stadt und Land.

Wien, Dezember 2016, 196 Seiten, 20 Euro, ISBN: 978-3-99046-250-8

Autorinnen und Autoren:
Bundesministerium für Arbeit, Soziales und Konsumentenschutz (Hrsg.),

Anton Amann, Christian Bischof, Andreas Salmhofer

Subjektive Lebensqualität ist heute stark geprägt von der Diversität zwischen Stadt und Land sowie zwischen den einzelnen Generationen. Ein hoher Anteil alter Menschen lebt in gering besiedelten Gebieten, wobei dieser Anteil zukünftig noch steigen wird.

Die empirischen Analysen der vorliegenden, vom Sozialministerium in Auftrag gegebenen Studie konzentrieren sich auf die subjektiven Dimensionen von Lebensqualität: materielle Lebensbedingungen, Wohnbedingungen und Wohnumfeld, Infrastruktur und Mobilität, Partizipation und soziale Unterstützung, subjektives Wohlbefinden und Gesundheit. Hier bestehen systematische, infrastrukturbedingte Differenzen. Das eigentlich interessante Ergebnis ist jedoch, dass die regional unterschiedliche Bevölkerungsdichte in den meisten Fällen Differenzen besser erklären kann als Alter, Geschlecht oder Bildung. Eine Ausnahme bildet das Thema Gesundheit, hier haben das Alter und in weiterer Folge auch der Bildungsabschluss eine höhere Effektstärke.

Band 22: Einsatz und Wirkung aktiver arbeitsmarktpolitischer Maßnahmen für Personen mit gesundheitlichen Einschränkungen

Eine Evaluierung für Oberösterreich

Wien, August 2017, 228 Seiten, 20 Euro, ISBN: 978-3-99046-298-0

Autorinnen und Autoren:
Bundesministerium für Arbeit, Soziales und Konsumentenschutz (Hrsg.),

Rainer Eppel, Thomas Leoni, Helmut Mahringer, Trude Hausegger, Christine Reidl, Friederike Weber

Zu gesundheitlichen Problemlagen der Erwerbsbevölkerung und der Wirksamkeit arbeitsmarktpolitischer Maßnahmen für Arbeitslose mit gesundheitlicher Belastung fehlte es in Österreich bisher an fundierter empirischer Evidenz. Die vorliegende Studie leistet einen Beitrag zur Schließung dieser Lücke. Mittels Verknüpfung erwerbsbezogener Daten der Sozialversicherung und des AMS mit gesundheitsbezogenen Daten der Oberösterreichischen Gebietskrankenkasse werden quantitative Bedeutung und Art arbeitsmarktrelevanter gesundheitlicher Einschränkungen unter den Erwerbspersonen sowie Einsatz und Wirkung aktiver arbeitsmarktpolitischer Maßnahmen untersucht. Arbeitsuchende sind viel häufiger von gesundheitlichen Belastungen betroffen als unselbstständig Beschäftigte, insbesondere von Muskel-Skelett-Erkrankungen und psychischen Erkrankungen. Alle evaluierten Maßnahmen steigern die Erwerbsbeteiligung der teilnehmenden gesundheitlich belasteten Arbeitslosen. Darüber hinaus lässt sich für eine Reihe von Maßnahmen eine positive Wirkung auf die Integration in ungeförderte unselbstständige Beschäftigung nachweisen, wenn auch teilweise mit großer zeitlicher Verzögerung. Personen mit einer psychischen Erkrankung profitieren stark von geförderter Beschäftigung auf dem 2. Arbeitsmarkt.

Band 23: Österreich 2025: Arbeitszeitverteilung in Österreich

Analyse und Optionen aus Sicht der Arbeitnehmerinnen und Arbeitnehmer

Wien, November 2017, 224 Seiten, 20 Euro, ISBN: 978-3-99046-317-8

Autorinnen und Autoren:
Bundesministerium für Arbeit, Soziales und Konsumentenschutz (Hrsg.),

Julia Bock-Schappelwein, Ulrike Famira-Mühlberger, Ulrike Huemer, Hedwig Lutz, Christine Mayrhuber

Die empirische Evidenz zur Verteilung der Arbeitszeit unselbstständig Beschäftigter in Österreich zeigt eine hohe Heterogenität, insbesondere zwischen Frauen und Männern (Gender-Time-Gap). Grund dafür sind traditionelle Rollenbilder sowie die ungleiche Verteilung der Hausarbeit und der Betreuung von Kindern und Pflegebedürftigen.

Die vorliegende Studie liefert arbeitszeitbezogene Ansatzpunkte zur Förderung einer ausgeglichenen Verteilung der Erwerbsarbeitszeit von Frauen und Männern, ebenso wie Maßnahmen für spezifische Lebensphasen, die eine Anpassung der individuellen Erwerbsarbeitszeit zur Vereinbarkeit von Beruf und außerberuflichen Verpflichtungen bzw. Interessen ermöglichen.

Band 24: Arbeitskräfteüberlassung in Österreich

Eine empirische Untersuchung zur Entwicklung der Arbeitskräfteüberlassugn im Zeitverlauf und zum Status quo der Arbeitssituation der beschäftigten Personen

Wien, April 2018, 286 Seiten, 24 Euro, ISBN: 978-3-99046-318-5

Autorinnen und Autoren:
Bundesministerium für Arbeit, Soziales und Konsumentenschutz (Hrsg.),

Andreas Riesenfelder, Lisa Danzer, Petra Wetzel

Keine andere Branche konnte in den letzten Jahren eine derart starke Expansionsdynamik verzeichnen wie jene der Leiharbeit bzw. Arbeitskräfteüberlassung. Vorliegende Studie stellt eine empirische Untersuchung zur Entwicklung der Arbeitskräfteüberlassung im Zeitverlauf sowie zum Status quo der Arbeitssituation der beschäftigten Personen dar. Geprüft wird, inwieweit LeiharbeiterInnen noch immer ArbeitnehmerInnen zweiter Klasse sind bzw. ob der Gap zwischen Kern- und Randbelegschaften mittlerweile verkleinert werden konnte. Zusätzlich kommen LeiharbeiterInnen im Rahmen einer repräsentativen Befragung selbst zu Wort.

Weitere Informationen und alle Bücher der Studienreihe als E-Books zum Download unter www.studienreihe.at.